Gouvernement général de l'Afrique Équatoriale Française

SERVICE DES AFFAIRES ÉCONOMIQUES

L'Évolution Économique

DES

Possessions françaises

DE

L'AFRIQUE ÉQUATORIALE

NOTA. — Les documents réunis dans cet ouvrage présentent parfois des différences assez importantes avec les résultats publiés dans les statistiques de l'Office colonial.

Des rectifications ont en effet été apportées aux chiffres primitivement envoyés au Département par les services locaux et qui ne concordaient pas avec les pièces conservées aux archives du Gouvernement général ou des Services douaniers.

PARIS

LIBRAIRIE FÉLIX ALCAN

108, BOULEVARD SAINT-GERMAIN, 108

1913

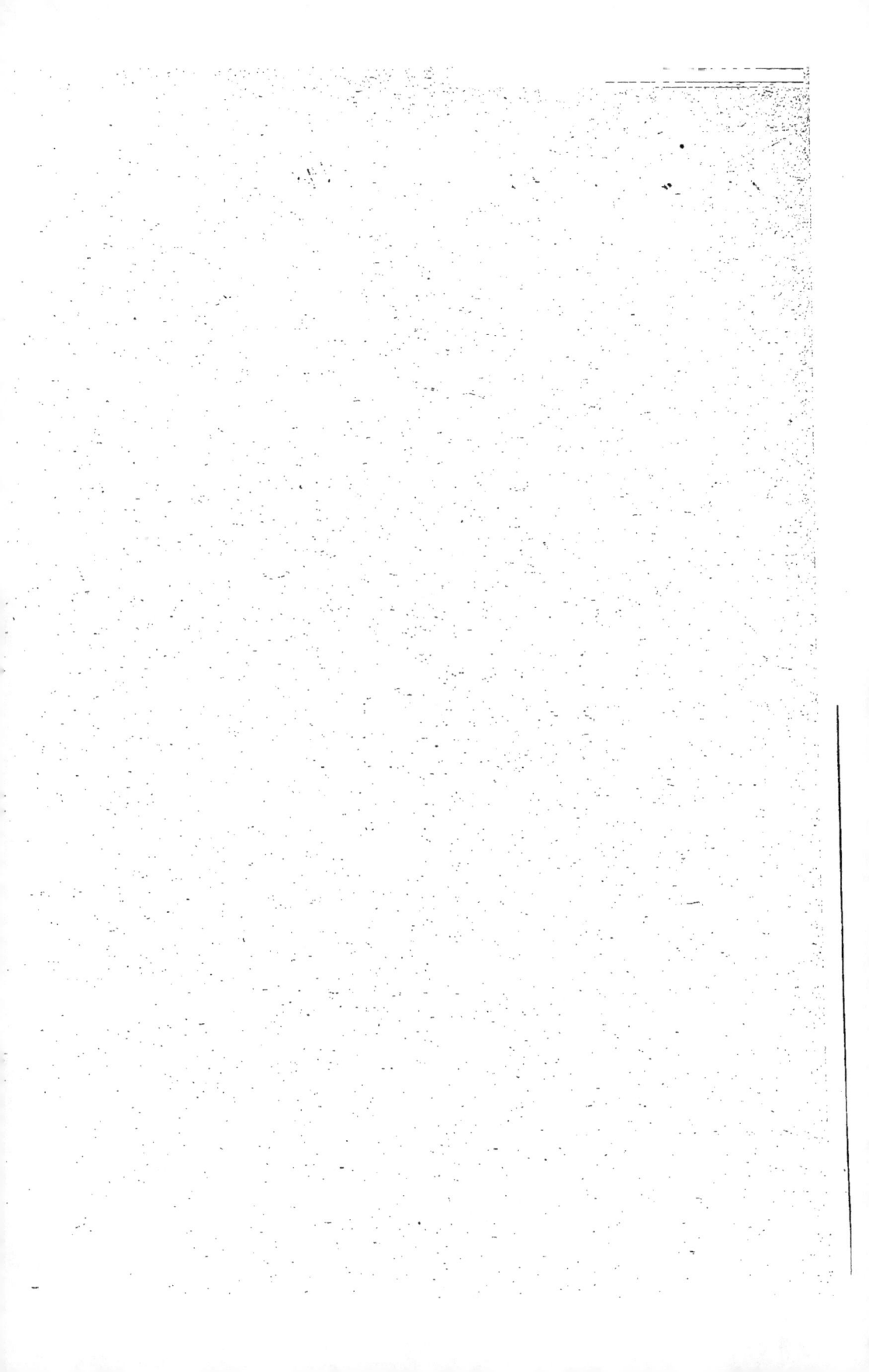

Gouvernement général de l'Afrique Équatoriale Française

SERVICE DES AFFAIRES ÉCONOMIQUES

L'Évolution Économique

DES

Possessions françaises

DE

L'AFRIQUE ÉQUATORIALE

NOTA. — Les documents réunis dans cet ouvrage présentent parfois des différences assez importantes avec les résultats publiés dans les statistiques de l'Office colonial.

Des rectifications ont en effet été apportées aux chiffres primitivement envoyés au Département par les services locaux et qui ne concordaient pas avec les pièces conservées aux archives du Gouvernement général ou des Services douaniers.

PARIS

LIBRAIRIE FÉLIX ALCAN

108, BOULEVARD SAINT-GERMAIN, 108

—

1913

I

STATISTIQUES COMMERCIALES

COMMERCE

Jusqu'en 1863, l'importance du trafic alimenté par la population indigène n'a fait l'objet d'aucune constatation officielle. A cette dernière époque l'importation et l'exportation atteignaient chacune environ 1 million de francs, et ces chiffres n'ont pas varié sensiblement jusque vers 1870.

De 1870 à 1892 l'importation passe de 1 à 3 millions, l'exportation de 1 million à 2 millions et demi.

A partir de 1892, les douanes ont établi une statistique moins précise que dans la métropole, mais cependant sensiblement exacte du mouvement commercial de la colonie.

En matière de statistiques économiques, on distingue le commerce général et le commerce spécial.

Le commerce général comprend l'ensemble des entrées et des sorties de marchandises constatées aux frontières quelle que soit la provenance ou la destination des marchandises ; le commerce spécial ne comprend que les importations ou les exportations ayant pour destination ou pour origine le trafic propre du pays.

COMMERCE GÉNÉRAL

L'importance du commerce général n'est pas proportionnelle à l'activité économique d'un pays, puisqu'il comprend les opérations d'entrepôt ou de transit qui sont alimentées par le trafic des pays voisins. C'est ainsi qu'en ce qui concerne l'Afrique équatoriale française les chiffres du commerce général comprenaient, jusqu'à ces derniers temps, les opérations du Sud-Cameroun qui passent par la Sanga. De même le Congo belge fait figurer dans ses relevés tous les échanges du Congo supérieur français et allemands qui transitent par la voie ferrée de Matadi.

Les résultats du commerce général sont intéressants à noter surtout parce qu'ils sont ordinairement cités lorsqu'on compare le mouvement commercial de pays différents.

En Afrique équatoriale française (voir tableau n° 1 ci-après) les importations ont passé de 1892 à 1912 de 3 161 000 francs à 20 337 000, francs et les exportations se sont élevées pendant la même période de 2 500 000 à 28 500 000 francs; l'ensemble du trafic de 5 659 000 à 48 945 000. francs Le progrès réalisé ressort donc à 650 p. 100 aux entrées, 1140 p. 100 aux sorties, 860 p. 100 en moyenne.

Dans les chiffres cités plus haut, ne sont pas compris environ 2 millions d'affaires qui se font avec le Haut-Nil, la Tripolitaine et la Nigeria, dans des régions où ne fonctionne aucun service de contrôle.

TABLEAU I. — Commerce général de l'Afrique équatoriale française (valeurs en francs)

ANNÉES	IMPORTATIONS			EXPORTATIONS			TOTAL DU COMMERCE GÉNÉRAL
	DE FRANCE ET DES COLONIES FRANÇAISES	DE L'ÉTRANGER	TOTAL DES IMPORTATIONS	POUR LA FRANCE ET LES COLONIES FRANÇAISES	POUR L'ÉTRANGER	TOTAL DES EXPORTATIONS	
1892	1 125 316	2 035 629	3 160 945	350 743	2 147 894	2 498 637	5 659 582
1893	2 440 007	1 726 364	3 166 371	454 346	1 890 668	2 345 014	5 511 385
1894	1 180 333	3 424 620	4 604 953	1 454 010	4 538 687	5 992 697	10 597 650
1895	1 744 627	3 904 254	5 648 881	651 317	4 297 466	4 948 783	10 597 664
1896	1 407 997	3 288 852	4 696 649	588 841	4 603 003	5 192 444	9 889 293
1897	1 012 421	2 540 507	3 552 928	835 944	4 441 924	5 277 868	8 830 796
1898	1 282 500	3 553 125	4 835 625	1 489 934	4 205 370	5 695 304	10 530 129
1899	2 454 664	4 229 043	6 683 707	1 608 688	5 010 103	6 618 791	13 302 498
1900	4 823 792	5 672 571	10 496 363	2 609 828	4 929 687	7 559 515	18 035 878
1901	4 020 946	3 787 418	7 808 324	2 441 676	4 872 491	7 314 167	15 122 491
1902	2 641 433	3 178 176	5 819 609	2 368 729	6 294 726	8 663 455	14 483 064
1903	3 329 933	3 942 308	7 272 241	3 113 905	7 137 037	10 250 942	17 523 183
1904	5 718 098	4 164 633	9 882 731	3 934 062	8 200 946	12 135 008	22 017 739
1905	4 827 589	5 934 114	10 761 703	4 497 571	9 724 347	14 221 920	24 983 623
1906	5 507 624	7 969 227	13 476 851	5 670 665	11 036 388	16 707 053	30 183 904
1907	6 738 255	8 356 367	15 094 623	9 216 230	10 932 934	20 149 164	35 243 785
1908	4 269 085	6 222 431	10 491 516	7 423 580	9 586 701	17 010 281	27 501 797
1909	4 577 893	7 556 334	12 134 227	8 389 131	9 408 236	17 797 371	29 931 598
1910	6 059 962	8 653 315	14 713 277	14 259 717	11 441 574	25 701 291	40 414 568
1911	7 702 790	10 221 324	17 924 084	14 095 996	15 019 393	29 115 389	47 039 473
1912	»	»	20 337 000	»	»	28 508 000	48 945 000

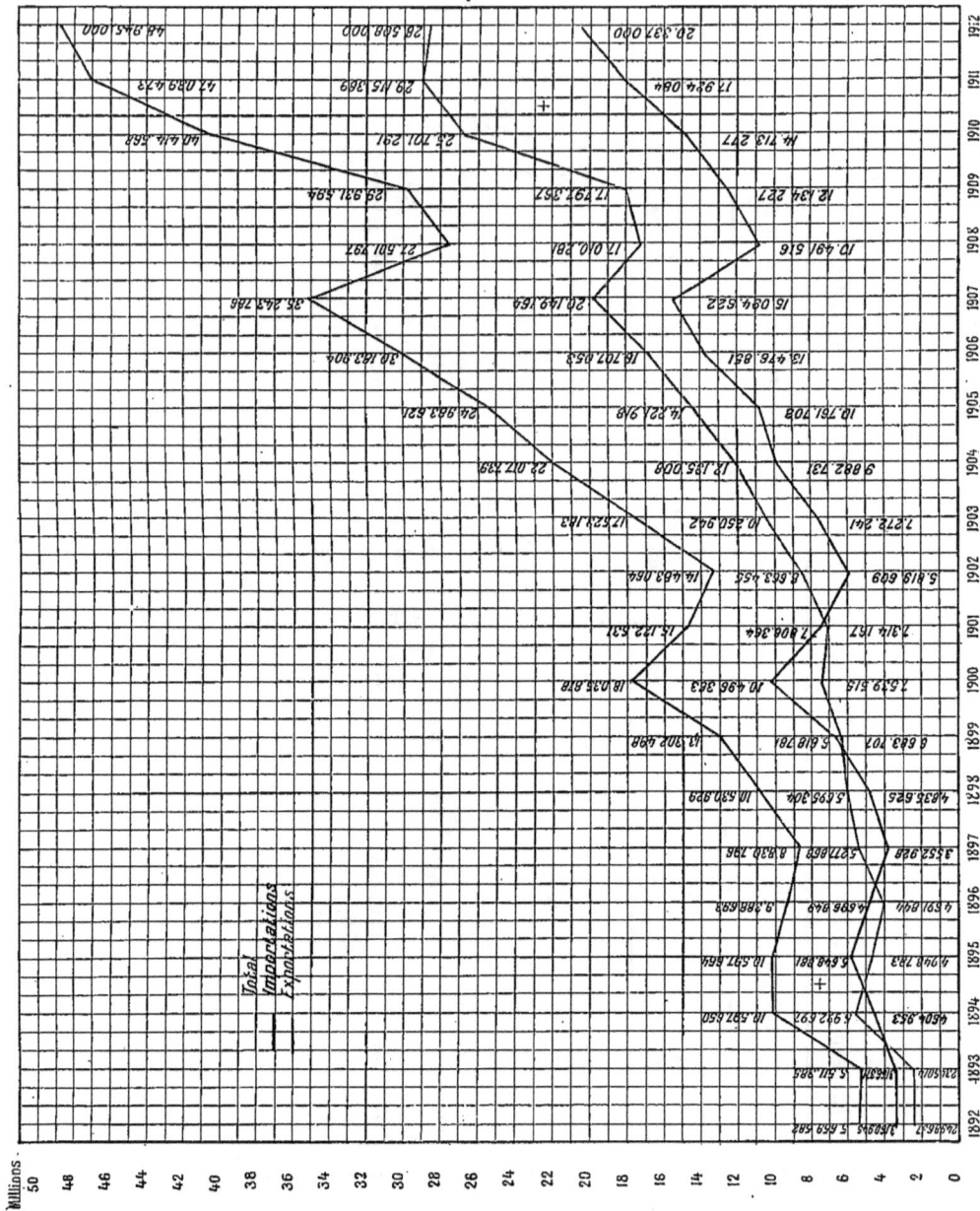

GRAPHIQUE I. — Commerce général de l'Afrique équatoriale française.

Total
Importations
Exportations

Millions : 50 48 46 44 42 40 38 36 34 32 30 28 26 24 22 20 18 16 14 12 10 8 6 4 2 0

1892 1893 1894 1895 1896 1897 1898 1899 1900 1901 1902 1903 1904 1905 1906 1907 1908 1909 1910 1911 1912

COMMERCE SPÉCIAL

Le commerce spécial comprend exclusivement à l'entrée des marchandises consommées dans le pays, à la sortie les produits d'origine locale ou nationalisés. Il constitue le commerce extérieur proprement dit du pays et varie en raison directe de son développement économique.

Le tableau ci-après (n° 2) indique que l'Afrique équatoriale française consommait en 1892 pour 3 millions de marchandises européennes, tandis que la consommation a atteint 14 793 000 francs en 1901 et qu'elle a été d'environ 17 millions en 1912. Sur ces quantités, la France fournissait 33 p. 100 en 1892 tandis que sa part dépasse 50 p. 100 désormais. A l'exportation, on enregistrait en 1892 pour 2 450 000 francs de produits du pays ; on en a vendu pour 26 millions en 1912. La France qui recevait 15 p. 100 des sorties en reçoit maintenant 55 p. 100.

En vingt années, le progrès réalisé s'élève donc à 566 p. 100 pour l'importation 1061 p. 100 à l'exportation, et dans l'ensemble des affaires à une moyenne de 766 p. 100.

L'augmentation des transactions s'est manifestée régulièrement, mais a été surtout sensible aux époques qui ont marqué les grandes étapes de l'existence de la colonie : une première fois en 1894-1895 lors de l'ouverture de la route de Loango au Stanley-Pool ; puis en 1899-1900, lors de l'achèvement de la voie ferrée belge de Matardi au Congo supérieur, qui permettait la pénétration du commerce dans les bassins du Congo, de la Sanga et de l'Oubangui ; en 1907, par suite du développement de l'industrie forestière au Gabon, et de mise en exploitation des peuplements caoutchoutifères de la Sanga et de l'Oubangui ; enfin, en 1910–1911-1912, quand les résultats de la nouvelle organisation de l'Afrique équatoriale française, et de l'emploi d'une partie du fonds d'emprunt de 21 millions consenti à la colonie en 1908 commencèrent à se faire sentir.

En 1912, cependant, on constate un ralentissement de la marche ascendante que font ressortir les chiffres des deux exercices précédents. Cette situation est due en partie à la baisse du prix de caoutchouc, sur les marchés européens, mais surtout à ce que les sociétés concessionnaires, établies dans le nord-ouest de la colonie et dont le territoire passait en partie et en totalité à l'Allemagne, ne sachant d'une façon certaine sous quel régime elles seraient placées, ont considérablement réduit leurs opérations.

Dans l'avenir, on peut prévoir que deux exercices suffiront pour que les progrès du commerce dans la partie de l'Afrique équatoriale française restée française compensent la perte qui résultera de la cession territoriale consentie à l'Allemagne le 4 septembre 1911.

En 1911, le commerce propre de l'Afrique équatoriale française dépasse l'importance du trafic de la Guinée, de la Côte d'Ivoire ou du Dahomey, mais reste inférieur à celui du Sénégal. Il représente la moitié de celui du Congo belge dont la superficie est trois fois plus grande.

TABLEAU II. — **Commerce spécial de l'Afrique équatoriale française** (valeurs en francs)

ANNÉES	IMPORTATIONS POUR LA CONSOMMATION LOCALE DE MARCHANDISES ORIGINAIRES			EXPORTATIONS DE PRODUITS DU CRU DE LA COLONIE OU NATIONALISÉS DANS LA COLONIE, POUR			TOTAL DU COMMERCE SPÉCIAL
	DE FRANCE ET DES COLONIES FRANÇAISES	DE L'ÉTRANGER	TOTAL DES IMPORTATIONS	LA FRANCE ET LES COLONIES FRANÇAISES	L'ÉTRANGER	TOTAL DES EXPORTATIONS	
1892	1 125 316	2 035 629	3 160 945	350 743	3 147 894	2 498 637	5 659 582
1893	1 440 007	1 726 364	3 166 371	454 346	1 890 668	2 345 014	5 511 385
1894	1 180 333	3 424 620	4 604 953	1 454 010	4 538 687	5 992 697	10 597 650
1895	1 744 627	3 904 254	5 648 881	651 317	4 297 466	4 948 783	10 597 664
1896	1 407 997	3 288 863	4 696 849	588 841	4 603 003	4 691 844	9 388 693
1897	1 012 421	2 540 507	3 552 928	835 944	4 441 924	5 377 868	8 830 796
1898	1 282 500	3 553 125	4 835 625	1 489 934	4 205 370	5 695 304	10 530 929
1899	2 454 664	4 229 043	6 683 707	1 608 688	5 010 103	6 618 791	13 302 498
1900	4 823 792	5 672 571	10 496 363	2 609 828	4 929 687	7 539 515	18 035 878
1901	4 020 946	3 787 418	7 808 364	2 441 676	4 872 491	7 314 167	15 122 531
1902	2 641 433	3 178 176	5 819 609	2 368 729	6 294 726	8 663 455	14 483 064
1903	3 329 933	3 942 308	7 272 241	3 113 905	7 137 037	10 250 942	17 523 183
1904	5 718 098	3 500 278	9 218 376	3 934 062	7 665 908	11 599 970	20 818 346
1905	4 827 589	5 351 557	10 179 146	4 497 571	9 035 174	13 532 745	23 711 891
1906	5 507 624	7 286 016	12 793 640	5 670 665	10 190 161	15 860 826	28 654 466
1907	6 738 255	8 023 431	14 761 686	9 216 230	9 578 058	18 794 288	33 555 974
1908	4 269 085	5 359 153	9 628 238	7 423 580	8 578 833	16 002 413	25 630 651
1909	4 533 733	6 053 757	10 587 490	8 354 040	7 954 552	16 308 592	26 896 082
1910	6 034 962	6 482 601	12 517 563	14 244 121	9 261 456	23 505 577	36 023 140
1911	7 669 917	7 124 006	14 793 923	14 095 996	11 895 958	25 991 954	40 785 877
1912	»	»	17 205 199	»	»	26 234 620	43 439 819

NOTA. — Les chiffres relatifs aux années 1892 à 1903 inclus sont ceux du commerce général; aucun relevé du commerce spécial n'ayant été fait à cette époque. Ils sont d'environ 200 000 fr. par an supérieurs à ceux qui auraient dû figurer au commerce spécial.
Les chiffres relatifs à 1912 sont ceux donnés par les statistiques provisoires de cet exercice.

GRAPHIQUE II

Commerce spécial de l'Afrique équatoriale française.

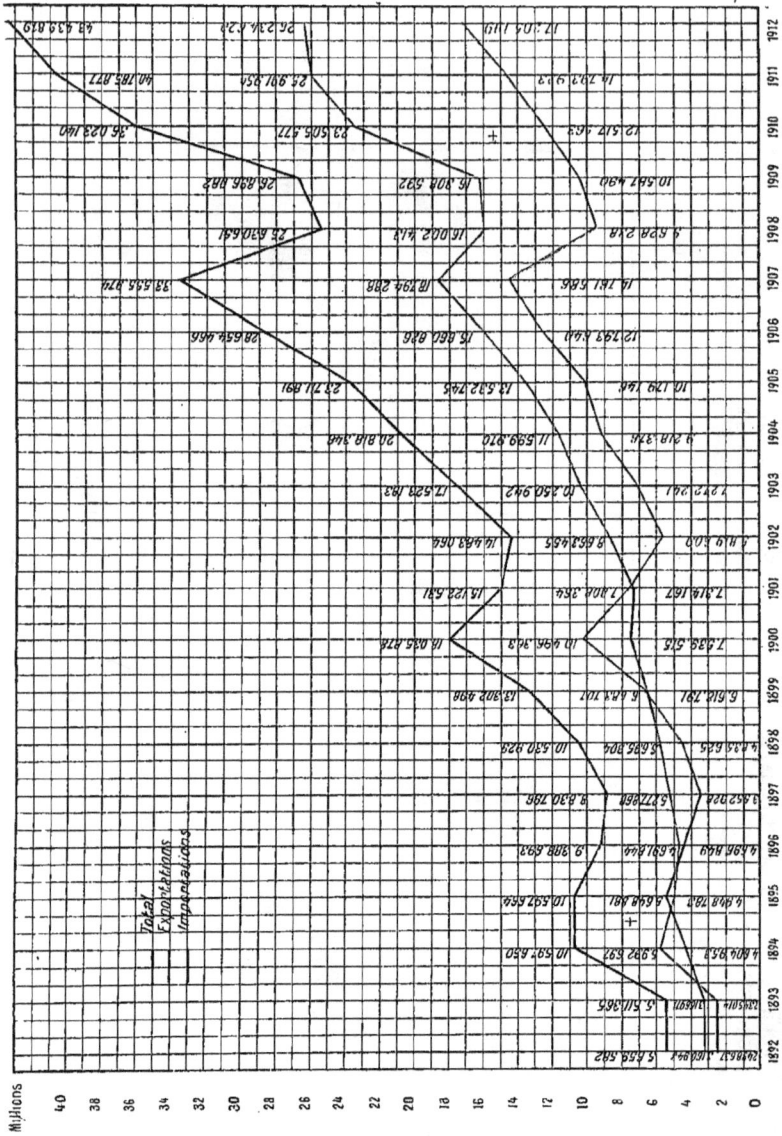

Millions

40 38 36 34 32 30 28 26 24 22 20 18 16 14 12 10 8 6 4 2 0

Total
Exportations
Importations

1892 1893 1894 1895 1896 1897 1898 1899 1900 1901 1902 1903 1904 1905 1906 1907 1908 1909 1910 1911 1912

COMMERCE COMPARÉ DU GABON ET DES COLONIES DU BASSIN
DU CONGO

Économiquement, le territoire de l'Afrique équatoriale française comprend deux régions entièrement distinctes : d'une part, les provinces du versant de l'Atlantique qui forment au point de vue administratif la colonie du Gabon desservie par les ports de Libreville, Cap Lopez, Sette Cama et Loango; d'autre part, les territoires arrosés par les affluents du Congo supérieur qui constituent les colonies du Moyen Congo et de l'Oubangui Chari Tchad, et dont tout le commerce extérieur passe par Brazzaville et le chemin de fer du Congo belge.

Ce chemin de fer n'ayant été ouvert au trafic qu'en 1899 on ne peut comparer l'évolution des deux régions ainsi déterminées qu'à partir de 1900.

Au Gabon, de 1900 à 1912, les importations ont passé de 6 336 000 à 7 671 000, les exportations de 4 810 000 à 9 134 000, soit pour l'ensemble de 11 146 000 à 16 806 000 francs (tableau n° 3).

Au cours de la même période, à Brazzaville, les entrées passaient de 4 160 000 à 9 500 000; les sorties de 2 720 000 à 19 100 000, et le commerce total de 6 000 000 à 26 600 000.

Le progrès réalisé au Gabon est donc de 145 p. 100; celui constaté à Brazzaville de 385 p. 100.

Il y a lieu de remarquer qu'au Gabon où le commerce a pour objet principal l'exportation de produits lourds, la valeur des importations représente les 86 centièmes de la valeur des sorties. A Brazzaville, au contraire, la proportion entre ces deux éléments n'est que de 55 p. 100.

TRANSIT DU CAMEROUN ALLEMAND

La partie orientale de la colonie allemande du Cameroun ne peut, à défaut de voie ferrée aboutissant à la côte allemande, opérer ses importations et ses exportations que par la Sanga, le Congo, et la voie ferrée belge de Matadi.

Des bateaux allemands appartenant à la Süd Camerun Gesellschaft assurent la plus grande partie de ce trafic qui entre Brazzaville et Ouesso est considéré par la douane française comme transit international. Il se chiffrait (tableau n° 4) en 1900 à 257 000 francs à la montée vers le Cameroun, 167 000 francs à la descente, soit au total 424 000 francs.

En 1911, on a enregistré 725 000 francs à la montée, 2 270 000 à la descente, soit un total de 2 996 000.

TABLEAU III.

Mouvements comparés du commerce spécial au Gabon et au Moyen-Congo-Oubangui-Chari

ANNÉES	COMMERCE SPÉCIAL DU GABON (Valeurs en francs).			COMMERCE SPÉCIAL DU MOYEN CONGO ET DE L'OUBANGUI-CHARI-TCHAD (Valeurs en francs).			TOTAL DU COMMERCE SPÉCIAL DE L'A. E. F.
	IMPORTATIONS	EXPORTATIONS	TOTAL	IMPORTATIONS	EXPORTATIONS	TOTAL	
1900	6 336 172	4 810 387	11 146 559	4 160 191	2 729 128	6 889 319	18 635 878
1901	5 292 021	4 997 171	10 289 192	2 516 343	2 316 996	4 833 339	15 122 531
1902	4 657 572	4 621 689	9 279 261	1 472 037	3 731 766	5 203 803	14 483 064
1903	5 029 909	5 808 870	10 838 779	1 948 168	4 736 236	6 684 404	17 523 183
1904	5 415 372	5 342 964	10 758 336	3 803 004	6 257 006	10 060 010	20 818 346
1905	5 276 252	5 748 992	11 025 244	4 902 894	7 783 753	12 686 647	23 711 891
1906	6 061 343	7 569 855	13 631 198	6 732 297	8 290 971	15 023 268	28 654 466
1907	7 608 494	9 309 240	16 917 734	7 153 192	9 485 048	16 638 240	33 555 974
1908	5 116 522	6 315 406	11 431 928	4 511 716	9 687 007	14 198 723	25 630 651
1909	4 573 204	4 621 637	9 194 861	6 014 286	11 686 955	17 701 241	26 896 082
1910	5 142 762	6 131 556	11 274 318	7 374 801	17 374 021	24 748 822	36 023 140
1911	6 141 757	7 722 741	13 864 498	8 652 166	18 269 213	26 921 379	40 785 877
1912	7 671 199	9 134 620	16 805 819	9 534 000	17 100 000	26 634 000	43 639 819

Mouvements comparés du Commerce spécial au Gabon et au Moyen-Congo-Oubangui-Chari.

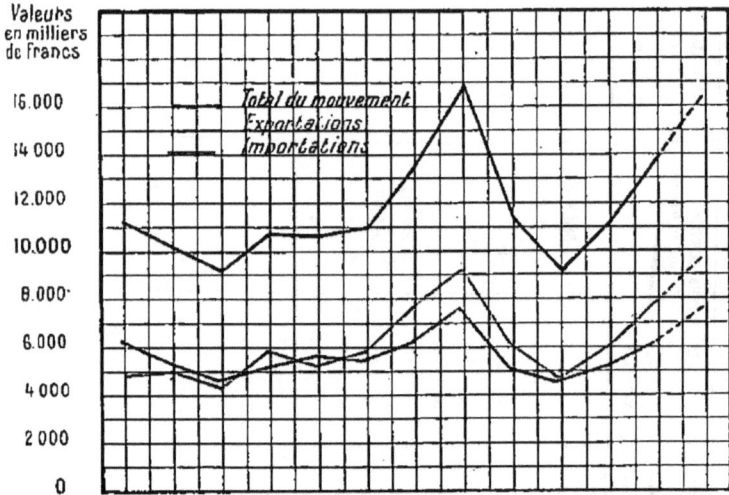

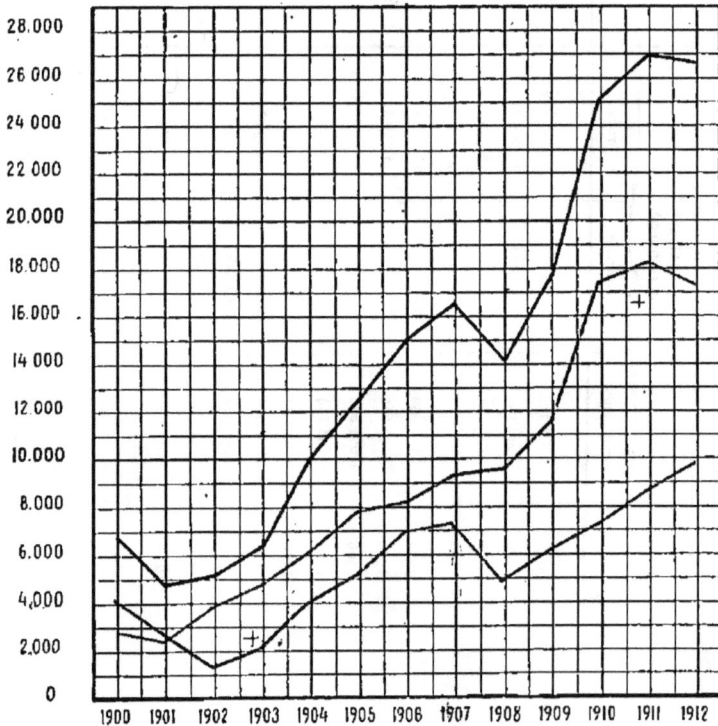

Valeurs en milliers de francs

Total du mouvement
Exportations
Importations

16.000
14.000
12.000
10.000
8.000
6.000
4.000
2.000
0

28.000
26.000
24.000
22.000
20.000
18.000
16.000
14.000
12.000
10.000
8.000
6.000
4.000
2.000
0

1900 1901 1902 1903 1904 1905 1906 1907 1908 1909 1910 1911 1912

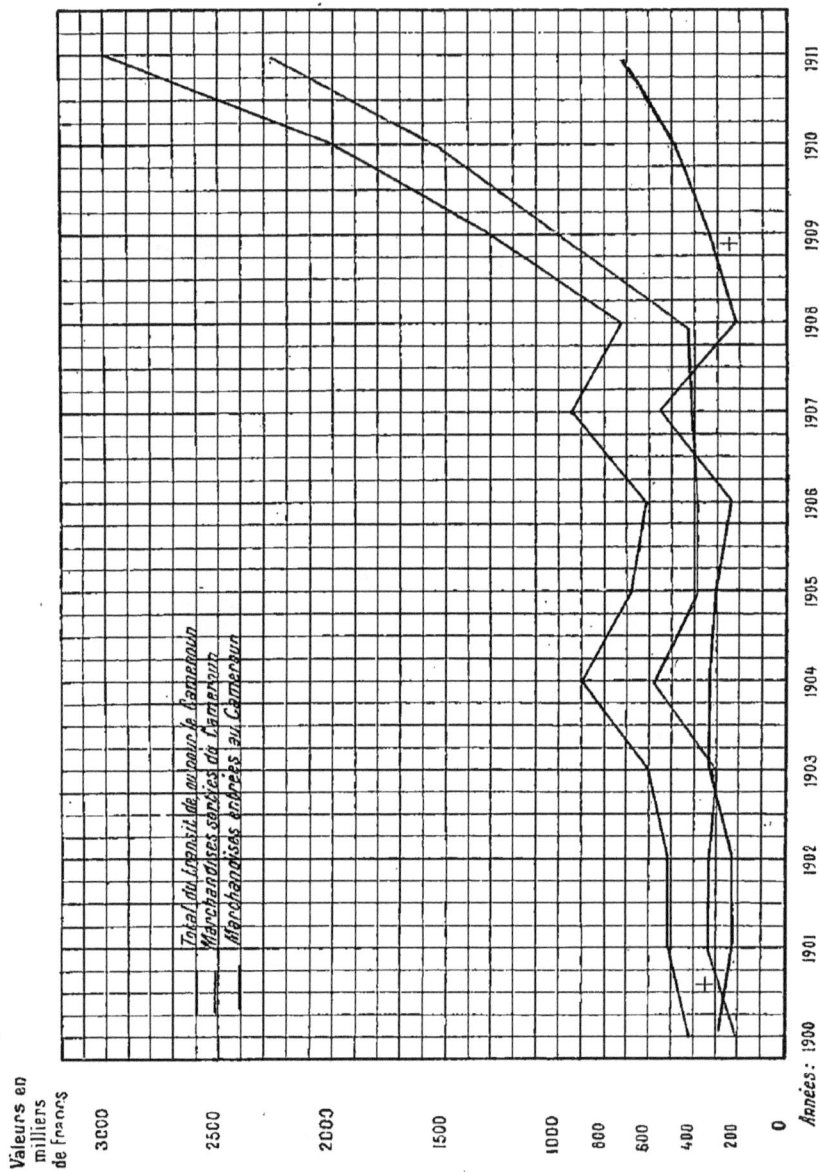

GRAPHIQUE IV

Transit par la voie Brazzaville-Ouesso du commerce du Sud Cameroun.

TABLEAU IV

Transit par la voie Brazzaville-Ouesso du commerce du Sud Cameroun
(Valeurs en francs)

ANNÉES	MARCHANDISES ALLANT AU CAMEROUN	MARCHANDISES SORTANT DU CAMEROUN	TOTAL DU TRANSIT PAR BRAZZAVILLE
1900	257 039	167 628	424 667
1901	219 784	313 484	533 268
1902	232 905	310 080	542 985
1903	312 700	294 164	606 864
1904	335 038	564 355	899 393
1905	289 173	382 557	671 730
1906	246 227	383 211	629 438
1907	554 876	399 147	954 023
1908	207 868	528 919	736 787
1909	328 021	971 808	1 299 829
1910	483 479	1 522 600	2 006 079
1911	725 663	2 270 687	2 996 350

COMMERCE DE L'AFRIQUE ÉQUATORIALE FRANÇAISE AVEC LA FRANCE ET LES PAYS ÉTRANGERS

Importations.

L'Afrique équatoriale reçoit des marchandises de France, d'Angleterre, d'Allemagne, de Belgique, du Congo belge, enfin d'origines diverses (tableau 5). Les importations de France qui n'étaient que de 1 125 000 en 1892, sont de 7 670 000 en 1911, accusant en dix-neuf ans un progrès de 700 p. 100 environ; en 1892, elles ne représentaient que 33 p. 100 de l'importation totale : elles atteignent maintenant 52 p. 100.

Les statistiques des douanes ne permettent d'indiquer le chiffre d'importations attribuable par pays d'origine aux importations des pays étrangers que depuis quelques années. De 1902 à 1911, les importations d'Angleterre ont triplé, passant de 1 048 000 francs à 3 029 000 francs. Il en a été de même des achats en Allemagne qui ont augmenté de 411 000 à 1 243 000 francs.

En 1911, l'importation se répartit ainsi qu'il soit :

Marchandises originaires de :	P. 100
France	52
Angleterre	20
Allemagne	8
Belgique	9
Congo belge	4,5
Autres pays	6,5

TABLEAU V. — Commerce extérieur de l'Afrique équatoriale française par pays d'origine et de destination

ANNÉES	IMPORTATIONS. — PAYS D'ORIGINE (Valeurs en milliers de francs)							EXPORTATIONS. — PAYS DE DESTINATION (Valeurs en milliers de francs)							TOTAL DU COMMERCE SPÉCIAL
	FRANCE ET COLONIES FRANÇAISES	ANGLETERRE	ALLEMAGNE	BELGIQUE	CONGO BELGE	AUTRES PAYS	TOTAL DES IMPORTATIONS	FRANCE ET COLONIES FRANÇAISES	ANGLETERRE	ALLEMAGNE	BELGIQUE	CONGO BELGE	AUTRES PAYS	TOTAL DES EXPORTATIONS	
1892	1 125	»	»	»	»	2 036	3 161	351	»	»	»	»	2 148	2 499	5 660
1893	1 440	»	»	»	»	1 726	3 166	454	»	»	»	»	1 891	2 345	5 511
1894	1 180	»	»	»	»	3 425	4 605	1 454	»	»	»	»	4 539	5 993	10 598
1895	1 744	»	»	»	»	3 905	5 649	651	»	»	»	»	4 298	4 949	10 598
1896	1 408	»	»	»	»	3 289	4 697	589	»	»	»	»	4 103	4 692	9 389
1897	1 012	»	»	»	»	2 541	3 558	836	»	»	»	»	4 442	5 278	8 831
1898	1 282	1 727	663	»	195	969	4 836	1 490	2 197	971	»	471	566	5 695	10 531
1899	2 455	»	»	»	»	4 229	6 684	1 609	»	»	»	»	5 010	6 619	13 302
1900	4 824	»	»	»	»	5 672	10 496	2 610	»	»	»	»	4 930	7 540	18 036
1901	4 021	»	»	»	»	3 807	7 808	2 442	»	»	»	»	4 872	7 314	15 123
1902	2 641	1 648	411	»	»	1 720	5 820	2 369	1 390	385	»	»	4 519	8 663	14 483
1903	3 330	1 486	541	»	83	1 862	7 272	3 114	1 158	227	»	14	5 738	10 251	17 523
1904	5 718	2 151	549	»	132	668	9 218	3 934	926	188	6 171	»	381	11 600	20 818
1905	4 828	2 510	810	1 184	345	502	10 179	4 498	1 464	203	7 349	10	9	13 533	23 712
1906	5 508	3 204	1 045	1 383	327	1 327	12 794	5 671	1 516	1 164	7 590	15	5	15 861	28 614
1907	6 738	3 507	1 406	1 562	303	1 246	14 762	9 216	2 693	1 376	5 440	23	46	18 794	33 556
1908	4 629	2 366	1 049	1 050	354	540	9 628	7 424	1 639	2 117	4 800	16	6	16 002	25 631
1909	4 534	2 171	1 809	1 187	638	248	10 587	8 354	1 357	919	5 317	337	25	16 309	26 896
1910	6 035	2 503	1 542	960	691	787	12 518	14 244	1 451	2 066	5 574	60	110	23 505	36 023
1911	7 670	3 029	1 243	1 387	658	807	14 794	14 096	1 634	3 671	6 055	401	135	25 992	40 786

NOTA. — Les chiffres indiqués pour les années antérieures à 1909 sont légèrement supérieurs aux valeurs réelles des importations du commerce spécial ; les statistiques établies à cette époque comprenant les marchandises importées pour le Cameroun par la Sanga.

Commerce extérieur de l'Afrique équatoriale française par pays d'origine et de destination.

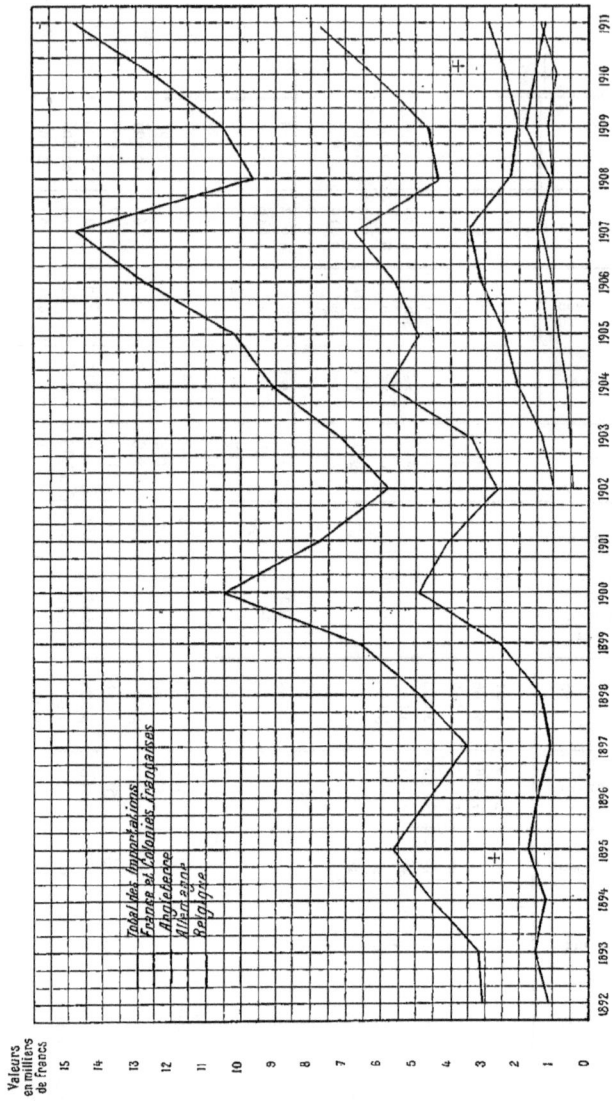

GRAPHIQUE V'

Commerce extérieur de l'Afrique équatoriale française par pays d'origine et de destination.

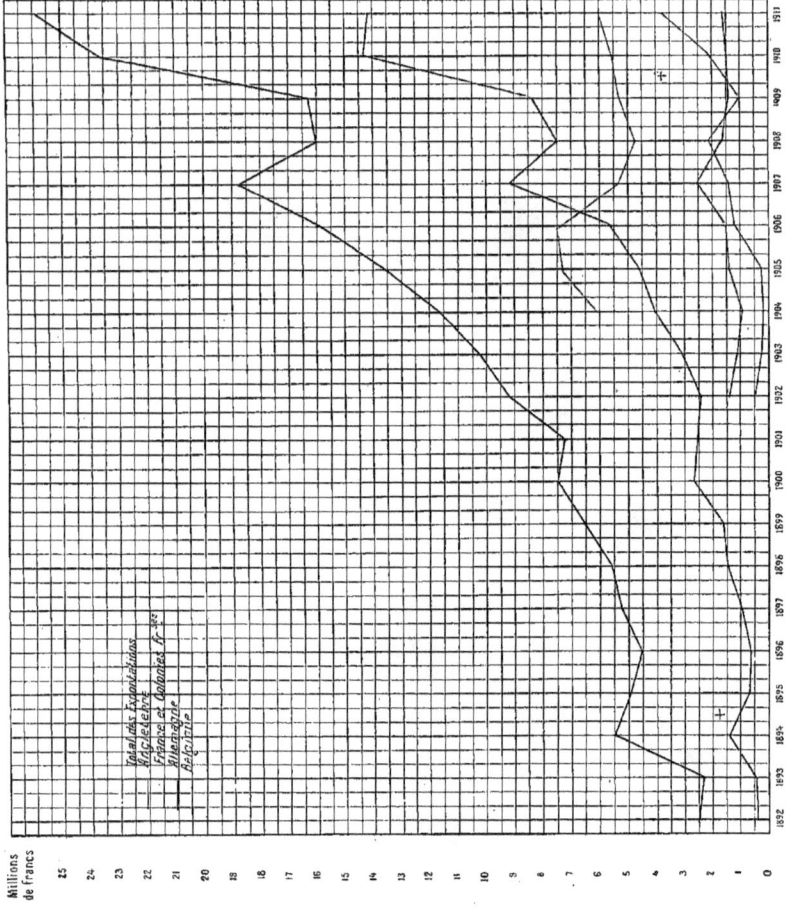

Millions de francs

25 24 23 22 21 20 19 18 17 16 15 14 13 12 11 10 9 8 7 6 5 4 3 2 1 0

1892 1893 1894 1895 1896 1897 1898 1899 1900 1901 1902 1903 1904 1905 1906 1907 1908 1909 1910 1911

Total des Exportations
Angleterre
France et Colonies fr.ses
Allemagne
Belgique

TABLEAU VI. — **Tableau comparatif des importations des** principa

(Valeurs en mil. Pays de (

NATURE des IMPORTATIONS	PAYS de PROVENANCE	1896	1897	1898	1899	1900	1901	1902
FARINES.	France	»	»	9	»	»	»	))
	Etranger	»	»	32	»	»	»	))
	TOTAL	31	13	41	37	67	57	))
SUCRES	France	»	»	5	»	»	»	))
	Etranger	»	»	5	»	»	»	))
	TOTAL	13	7	10	15	27	29	))
VINS	France	»	»	78	»	»	»	))
	Etranger	»	»	13	»	»	»	))
	TOTAL	106	74	91	142	191	274	))
TABACS	France	»	»	25	»	»	»	))
	Etranger	»	»	119	»	»	»	))
	TOTAL	123	117	144	196	189	164	))
SEL.	France	»	»	9	»	»	»	))
	Etranger	»	»	81	»	»	»	))
	TOTAL	116	66	90	56	101	65	))
ALCOOLS.	France	»	»	103	»	»	»	))
	Etranger	»	»	215	»	»	»	))
	TOTAL	322	331	318	361	385	365	))
PERLES	France	»	»	7	»	»	»	))
	Etranger	»	»	23	»	»	»	))
	TOTAL	127	34	30	128	361	99	))
TISSUS de tous genres	France	»	»	203	»	»	»	))
	Etranger	»	»	1 682	»	»	»	))
	TOTAL	1 506	1 125	1 885	1 935	3 166	1 961	))
OUVRAGES EN MÉTAUX	France	»	»	232	»	»	»	))
	Etranger	»	»	316	»	»	»	))
	TOTAL	461	524	548	922	1 396	1 120	))
POUDRES.	France	»	»	146	»	»	»	))
	Etranger	»	»	52	»	»	»	))
	TOTAL	128	93	198	29	59	28	))
ARMES.	France	»	»	12	»	»	»	))
	Etranger	»	»	172	»	»	»	))
	TOTAL	118	85	184	226	436	201	))

...incipales marchandises en Afrique équatoriale française
...rs de francs.)

1902	1903	1904	1905	1906	1907	1908	1909	1910	1911
26	27	5o	35	34	48	37	68	95	77
14	17	10	53	71	61	48	81	62	84
4o	44	6o	88	105	109	85	149	157	161
18	22	3o	36	5o	67	31	34	38	49
7	8	7	15	16	24	20	3o	29	32
26	3o	37	51	66	91	51	64	67	81
232	281	318	4o6	4o1	439	337	387	484	617
31	44	10	42	42	97	72	114	111	148
263	325	328	448	450	536	4o9	5o1	595	765
38	62	52	70	53	70	4o	68	65	96
132	177	157	150	152	219	189	214	245	241
170	239	209	220	2o5	289	229	282	31o	337
47	58	138	51	115	73	64	92	34	59
47	6o	54	112	120	94	142	171	134	124
94	118	192	163	235	167	206	263	168	183
227	254	264	258	274	276	132	109	196	384
59	56	68	91	168	138	70	49	107	101
286	31o	332	349	412	414	202	158	3o3	485
28	32	116	67	136	117	26	11	16	3o
27	37	39	15o	281	4o1	207	124	74	38
55	69	155	217	417	518	233	135	90	68
315	490	1 209	919	1 268	1 699	966	1 067	1 165	1 123
868	1 119	1 626	2 484	3 583	3 356	1 929	2 074	2 433	2 862
1 183	1 609	2 835	3 398	4 851	5 o55	2 895	3 141	3 598	3 985
598	630	773	922	866	834	744	423	963	1 049
189	235	257	444	6o4	853	586	1 091	819	748
787	865	1 o3o	1 366	1 470	1 687	1 3oo	1 514	1 782	1 797
48	70	37	107	65	92	108	2	»	2
47	38	2o5	128	119	83	86	27	11	8
95	108	242	235	184	175	194	29	11	10
35	5o	103	81	87	5o	59	70	93	368
95	109	74	228	315	275	3o7	6o	3	2
13o	159	177	3o9	4o2	325	366	13o	96	37o

Par contre, l'usage des vins se répand très rapidement, et les importations sont de 765 000 francs en 1911 contre 105 000 en 1896, soit un progrès de 700 p. 100 en quinze ans.

L'augmentation de la consommation des tabacs est moins sensible, car elle triple à peine pendant la même période.

Quant au sel, qui constitue un aliment indispensable, on s'explique mal pour quelle raison son usage progresse si peu, les entrées n'ayant même pas doublé depuis quinze ans.

En 1911, l'importance respective des principales catégories d'importations s'exprime comme suit :

	P. 100 du total des importations
Tissus de toute sorte.	27
Ouvrages en métaux.	12,2
Vins	5,2
Alcools.	3,2
Tabacs.	2,3
Sel.	1,2
Farines.	1
Sucres	0,5
Verroteries	0,4
Armes et poudres (y compris les armes des services militaires)	2,7

PRINCIPALES EXPORTATIONS DE L'A. E. F.

L'Afrique équatoriale française est très riche en produits naturels demandés par l'industrie européenne. Dès maintenant, elle exporte : du caoutchouc, de l'ivoire, des amandes de palme, de l'huile de palme, du copal, du cacao, du café, du piassava, des bois d'ébénisterie et des minerais de cuivre, ainsi que quelques produits secondaires en quantités peu importantes (tableaux 7 et 8).

I. Le caoutchouc est extrait soit des rhizomes de Landolphia Tholloni (caoutchouc d'herbes) soit de lianes, soit de l'Ire (Fontumia elastica). Le caoutchouc d'Ire bien préparé obtient des prix voisins de ceux des gommes de Para ; le caoutchouc d'herbes ne dépasse pas 60 p. 100 des cours de celui d'Ire. C'est le Gabon qui produit les gommes les moins estimées. Elles entrent pour un cinquième environ dans l'exportation totale. Les sorties de caoutchouc étaient de 546 tonnes en 1896, 1 250 en 1904, et depuis 1909 elles restent voisines de 1 700 tonnes (1 718 en 1912). Elles sont opérées surtout par les sociétés concessionnaires qui envoient leurs produits pour les trois quarts au Havre et un quart sur Anvers. Les autres exportations à destination de l'Angleterre, de l'Allemagne, de Bordeaux ou de Lisbonne sont peu importantes.

II. Ivoire. — L'ivoire est recherché depuis la plus haute antiquité et atteint des prix fort élevés (de 16 à 35 francs le kilogramme, suivant la grosseur des défenses).

Dans les premières années qui suivirent l'arrivée des Européens dans l'Afrique centrale, l'exportation de cette matière qui seule avait assez de valeur pour supporter les frais de transport par caravanes, et dont il existait de grands stocks dans les villages de l'intérieur du pays, subit une augmentation brusque. En Afrique équatoriale ,

GRAPHIQUE VI

Tableau comparatif des importations des principales marchandises en Afrique équatoriale française.

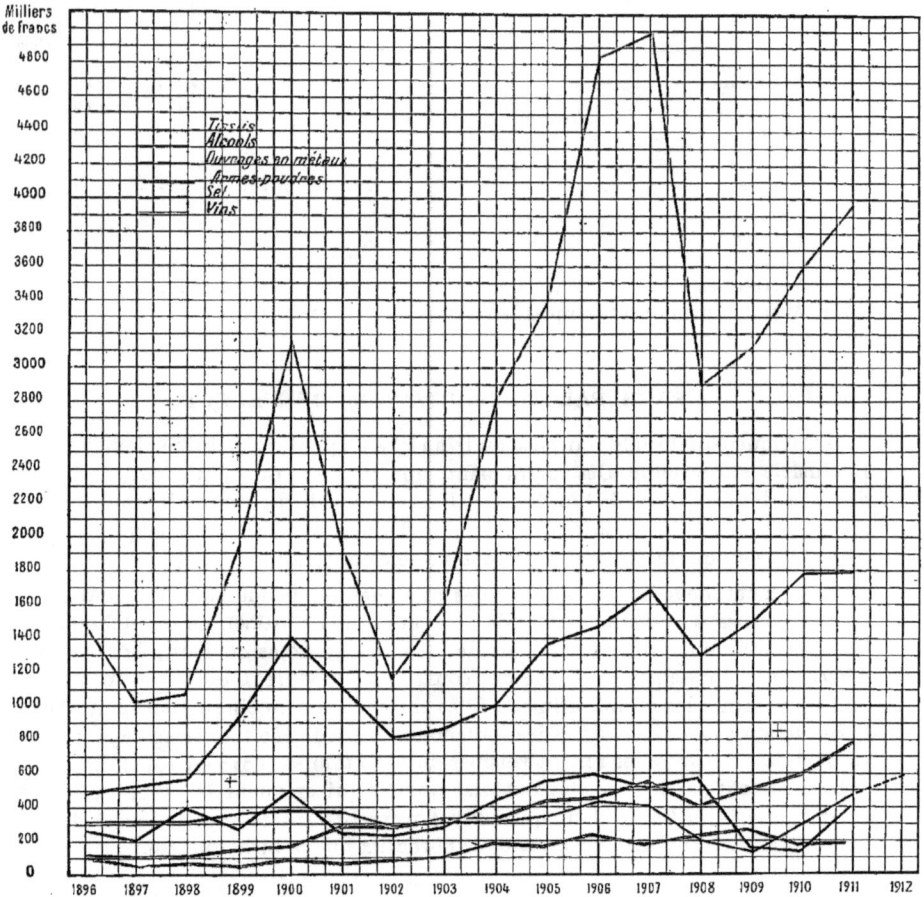

Milliers de francs

4800				
4600				
4400	Tissus			
4200	Alcools			
4000	Ouvrages en métaux			
3800	Armes-poudres			
	Sel			
	Vins			

Années : 1896 1897 1898 1899 1900 1901 1902 1903 1904 1905 1906 1907 1908 1909 1910 1911 1912

on constata, en 1905, une sortie de 210 tonnes. Mais les stocks anciens étant épuisés, l'exportation n'est plus alimentée que par le produit de la chasse à l'éléphant; depuis plusieurs années, elle reste stationnaire entre 130 et 150 tonnes, et il semble que ce soit là un chiffre normal moyen qui se maintiendra dans l'avenir, en décroissant très lentement.

Les 8 dixièmes de l'ivoire exporté sont vendus sur le marché d'Anvers.

III. Amandes de palme. — L'exploitation des amandes de palme a été abandonnée pour celle de caoutchouc et des bois d'ébénisterie par les indigènes. La production annuelle qui était de 800 à 900 tonnes il y a quinze ans, n'est plus que de 500 tonnes. Il y a lieu d'espérer que l'exploitation industrielle sur les lieux de récolte que préparent diverses sociétés, récemment fondées, donnera toute l'importance qu'elle mérite à cette branche de commerce. La richesse en palmiers à huile du Gabon et du Moyen Congo égale en effet celle des régions les plus prospères de l'Afrique occidentale.

IV. Huile de palme. — Il en est de cette matière comme des amandes de palme, et on ne peut que désirer vivement la reprise des exportations.

V. Piassava. — Le piassava employé dans la brosserie commune est la fibre d'un palmier nain. Sans doute, en raison d'une préparation défectueuse, le piassava du Gabon est payé sensiblement moins cher que celui du Libéria. L'exportation, qui a atteint 253 tonnes en 1908, n'est plus que de 82 tonnes en 1911.

VI. Ébène. — L'ébène du Gabon est connu et exploité depuis fort longtemps. Les forêts où on le rencontre étant éloignées de la Côte, les noirs le débitent en petites bûches de 1 m. 10 de long pesant 40 kilogrammes environ, pour en rendre facile le transport à tête d'hommes. Il en résulte que ce bois est moins apprécié que celui de Madagascar ou du Brésil et atteint difficilement le prix de 200 francs la tonne. Les sorties, qui dépassaient 2 000 tonnes en 1902, ne sont plus que de 496 tonnes en 1911.

VII. Bois d'Okoumé. — On désigne sous ce nom un arbre de la familles des térébinthacées, connu depuis une quinzaine d'années en Europe où on l'emploie à l'ébénisterie, la tabletterie, la menuiserie fine. Il est acheté par les ébénistes français sous le nom d'acajou femelle. Sa densité à l'état sec est de 0,450 environ, et il est coté de 105 à 110 francs la tonne en billes équarries sur le quai du Havre. Les sorties, insignifiantes en 1902, ont atteint 91 500 tonnes en 1911, sur lesquelles 68 000 ont été achetées par l'Allemagne, 11 000 par l'Angleterre et 10 000 seulement par la France.

VIII. Bois durs d'ébénisterie. — Ces bois dont la variété est considérable et qui sont peu connus de l'industrie européenne ne sont exportés que depuis peu d'années. Ils figurent pour 10 000 tonnes aux statistiques des douanes pour 1910 et ce chiffre croîtra rapidement.

IX. Copal. — La gomme copal alimente au Congo belge une exportation annuelle de 1 500 tonnes. Elle a été négligée jusqu'ici en Afrique équatoriale française.

X. Cacao. — Les plantations du Gabon, qui permettent les plus grandes espérances, n'ont cependant pas donné jusqu'ici la production qu'on en attendait.

En 1912, notamment, la sécheresse persistante a été la cause d'une récolte déficitaire qui n'atteint que 73 tonnes alors qu'on escomptait plus de 200 tonnes.

TABLEAU VII. — Tableau par pays de destination... principaux produits

IVOIRE

PAYS DE DESTINATION	1896	1897	1898	1899	1900	1901
France et Colonies françaises.	»	»	»	»	»	29 595
Angleterre	»	»	»	»	»	11 193
Allemagne	»	»	»	»	»	640
Belgique	»	»	»	»	»	82 891
Autres pays.	»	»	»	»	»	»
TOTAUX	95 060	86 056	102 407	100 072	151 731	124 319
VALEUR	1 772 448	1 596 559	1 536 105	1 878 195	2 927 653	2 893 94?

CAOUTCHOUC

PAYS DE DESTINATION	1896	1897	1898	1899	1900	1901
France et Colonies françaises.	»	»	»	»	»	259 425
Angleterre	»	»	»	»	»	251 68?
Allemagne	»	»	»	»	»	35 39?
Belgique	»	»	»	»	»	108 227
Autres pays.	»	»	».	»	»	»
TOTAUX	546 355	518 270	578 201	170 172	655 241	654 7?
VALEUR	2 016 334	2 221 085	2 775 365	3 015 195	3 018 080	2 898 82?

NOIX PALMISTES

PAYS DE DESTINATION	1896	1897	1898	1899	1900	1901
France et Colonies françaises.	»	»	»	»	»	»
Angleterre	»	»	»	»	»	»
Allemagne	»	»	»	»	»	»
Belgique	»	»	»	»	»	»
Autres pays.	»	»	»	»	»	»
TOTAUX	778	806	915	821	688	61
VALEUR	207 788	177 373	201 201	183 720	141 244	144 7?

HUILE DE PALME

PAYS DE DESTINATION	1896	1897	1898	1899	1900	1901
France et Colonies françaises.	»	»	»	»	»	«
Angleterre	»	»	»	»	»	»
Allemagne	»	»	»	».	»	»
Belgique	»	»	»	»	»	»
Autres pays.	»	»	»	»	»	»
TOTAUX	165	140	145	144	112	11
VALEUR	66 196	65 928	58 158	58 207	48 468	53 0?

principaux produits du pays exportés depuis 1896

1902	1903	1904	1905	1906	1907	1908	1909	1910	1911

E

1902	1903	1904	1905	1906	1907	1908	1909	1910	1911
25 220	29 333	47 470	31 137	38 966	30 930	27 245	27 020	34 381	27 307
8 844	13 006	7 569	6 660	3 844	1 775	3 045	2 986	1 069	1 336
635	19	»	»	4 356	61	2 694	657	253	1 389
135 324	147 425	131 798	163 324	132 277	119 169	129 366	134 800	103 526	113 001
»	»	»	»	»	3 386	126	751	361	3 010
170 023	189 783	186 837	201 121	179 443	155 321	162 476	166 214	139 590	146 043
295 678	3 741 927	3 703 111	4 010 076	3 574 452	3 068 467	3 182 159	3 262 812	2 875 838	3 259 613

OUC

1902	1903	1904	1905	1906	1907	1908	1909	1910	1911
172 545	328 437	283 147	480 810	539 692	1 277 828	943 175	1 189 499	1 251 966	2 271 066
162 934	96 952	72 994	82 696	92 610	87 875	88 014	65 940	59 124	78 856
32 848	1 115	1 890	1 471	77 184	2 767	81 767	7 735	28 166	24 037
120 439	417 040	888 936	1 120 963	1 238 501	448 467	410 483	470 770	314 198	293 836
»	»	2 126	»	7 034	25 252	9 064	2 344	5 621	29 370
488 766	842 544	1 249 093	1 685 940	1 955 021	1 842 199	1 532 501	1 736 293	1 659 075	1 697 165
62 519	3 370 173	5 373 763	7 340 356	8 410 533	9 459 750	8 922 548	9 991 473	16 639 901	16 165 496

STES

1902	1903	1904	1905	1906	1907	1908	1909	1910	1911
183	364	431	333	158	146	106	74	99	87
327	196	202	298	255	270	256	172	347	242
218	56	52	36	17	17	27	30	137	171
»	»	»	»	»	22	»	»	»	1
»	5	6	»	12	»	»	»	»	»
728	621	691	667	442	455	389	376	583	501
56 691	143 302	172 170	151 963	100 477	97 901	81 609	93 984	187 672	162 396

ALME

1902	1903	1904	1905	1906	1907	1908	1909	1910	1911
39	57	102	71	34	29	16	3	3	2
64	26	43	62	44	60	59	61	107	54
65	9	7	8	3	»	6	»	1	37
»	»	»	6	»	»	»	»	»	»
2	6	»	12	10	15	14	15	18	23
170	98	152	159	91	104	95	79	129	116
75 581	44 298	75 796	66 906	33 487	42 392	39 642	38 472	77 952	64 478

TABLEAU VII. — Tableau par pays de destinati *principaux produits du* ...

PAYS DE DESTINATION	1896	1897	1898	1899	1900	1901	1902	1903	1904

PIA AVA

PAYS DE DESTINATION	1896	1897	1898	1899	1900	1901	1902	1903	1904
France et Colonies françaises	»	»	»	»	»	»			
Angleterre	»	»	»	»	»	»			
Allemagne	»	»	»	»	»	»			
Belgique	»	»	»	»	»	»			
Autres pays	»	»	»	»	»	»			
TOTAL	1	23	26	20	117				
VALEUR	579	15 628	16 980	133 701	53 687	247			

ÉB E

PAYS DE DESTINATION	1896	1897	1898	1899	1900	1901	1902	1903	1904
France et Colonies françaises	»	»	»	»	»	»			
Angleterre	»	»	»	»	»	»			
Allemagne	»	»	»	»	»	»			
Belgique	»	»	»	»	»	»			
Autres pays	»	»	»	»	»	»			
TOTAL	»	»	»	»	»	»			
VALEUR	»	»	»	»	»	»			

ÖKÖ É

PAYS DE DESTINATION	1896	1897	1898	1899	1900	1901	1902	1903	1904
France et Colonies françaises	»	»	»	»	»	»			
Angleterre	»	»	»	»	»	»			
Allemagne	»	»	»	»	»	»			
Belgique	»	»	»	»	»	»			
Autres pays	»	»	»	»	»	»			100
TOTAL	»	»	»	»	»	»			
VALEUR	»	»	»	»	»	»			

AUT BOIS

PAYS DE DESTINATION	1896	1897	1898	1899	1900	1901	1902	1903	1904
France et Colonies françaises	»	»	»	»	»	»			
Angleterre	»	»	»	»	»	»			
Allemagne	»	»	»	»	»	»			
Belgique	»	»	»	»	»	»			
Autres pays	»	»	»	»	»	»			
TOTAL	2 286	2 002	2 886	5 753	5 868	(1) 31			
VALEUR	455 764	1 024 036	473 822	1 150 600	1 157 000	853			

(1) Les chiffres des années 1896 à 1901 portés dans le tableau « autres bois » comprennent également l' ...

principaux produits du pays exportés depuis 1896. (Suite)

902	1903	1904	1905	1906	1907	1908	1909	1910	1911
VA									
6	25	21	18	19	»	2	3	11	»
259	96	47	2	144	113	232	45	40	82
23	17	13	»	»	11	19	11	8	»
»	»	»	»	»	»	»	»	»	»
»	»	»	»	»	»	»	»	»	»
288	138	81	20	133	124	253	59	59	82
44 418	61 331	35 586	5 154	31 190	55 900	151 759	35 399	59 533	82 119
1 856	1 392	872	598	690	1 028	1 097	1 289	510	264
237	12	77	157	86	57	110	166	133	217
23	»	1	»	»	»	»	»	20	15
»	»	»	»	»	»	»	»	»	»
»	»	»	»	»	»	»	»	»	»
2 216	1 404	950	755	776	1 085	1 207	1 458	663	496
123 047	287 496	188 933	150 951	155 425	206 564	241 400	291 000	132 600	99 500
1 434	3 395	2 623	1 919	10 066	10 052	7 970	4 270	9 349	10 046
2 589	3 700	1 581	4 597	4 178	14 659	9 456	10 092	8 756	11 546
1 260	1 696	1 167	235	6 968	17 026	36 352	16 486	32 707	68 370
»	»	»	»	»	3 811	»	»	»	»
»	103	»	»	3 047	100	»	2 155	599	1 578
5 282	8 894	5 371	6 751	24 259	45 648	53 778	33 003	51 411	91 540
150 335	889 518	537 893	959 376	2 450 534	4 210 444	2 688 850	1 650 250	2 570 550	4 122 545
OIS									
1 195	3 088	6 282	6 987	5 691	5 387	7 903	4 177	1 840	4 158
33	351	1 454	996	3 156	4 631	4 622	2 612	3 121	3 095
96	62	314	1 447	304	2 250	1 559	311	1 809	3 041
»	»	»	»	»	»	»	»	»	»
»	»	»	»	»	»	»	»	599	»
1 324	3 501	8 050	9 430	9 151	12 268	14 084	7 100	7 369	10 204
145 054	412 290	949 383	1 082 707	1 328 927	1 784 086	1 259 580	663 800	677 000	1 063 500

okoumé.

TABLEAU VIII. — **Principaux produits du pays exportés de l'Afrique équatoriale française, depuis 1892.**

DÉSIGNATION des PRODUITS	QUANTITÉS EXPORTÉES (Tonnes)					
	1896	1897	1898	1899	1900	1901
CAOUTCHOUC.	546	518	578	670	655	655
IVOIRE	95	86	102	100	152	124
NOIX PALMISTES	778	806	915	821	688	611
HUILE DE PALME.	165	140	145	144	112	116
COPAL	1	»	1	2	10	19
CACAO	5	8	16	23	14	47
CAFÉ.	5	30	57	49	43	42
PIASSAVA	1	23	26	210	118	49
BOIS	2 886	2 002	2 216	5 753	5 867	3 258
MINERAI DE CUIVRE	»	»	»	»	»	»

	1902	1903	1904	1905	1906	1907
CAOUTCHOUC.	689	843	1 249	1 686	1 955	1 842
IVOIRE	170	190	187	201	179	156
NOIX PALMISTES	728	621	691	667	442	495
HUILE DE PALME.	170	98	152	159	91	104
COPAL	34	29	36	24	11	3
CACAO	58	50	91	51	90	75
CAFÉ.	30	36	17	34	26	30
PIASSAVA	289	137	81	21	134	126
BOIS	8 722	13 799	14 371	16 936	34 186	59 001
MINERAI DE CUIVRE	»	»	»	»	»	»

	1908	1909	1910	1911	1912	»
CAOUTCHOUC.	1 532	1 736	1 659	1 697	1 718	»
IVOIRE	162	166	140	146	137	»
NOIX PALMISTES	389	376	563	501	»	»
HUILE DE PALME.	95	79	129	116	»	»
COPAL	7	5	5	10	»	»
CACAO	98	103	92	108	73	»
CAFÉ.	19	35	49	21	»	»
PIASSAVA	253	35	59	82	»	»
BOIS	69 069	41 561	58 844	102 240	95 767	»
MINERAI DE CUIVRE	»	»	8	1 899	1 968	»

GRAPHIQUE VIII

Principaux produits du pays exportés de l'Afrique équatoriale française depuis 1892.

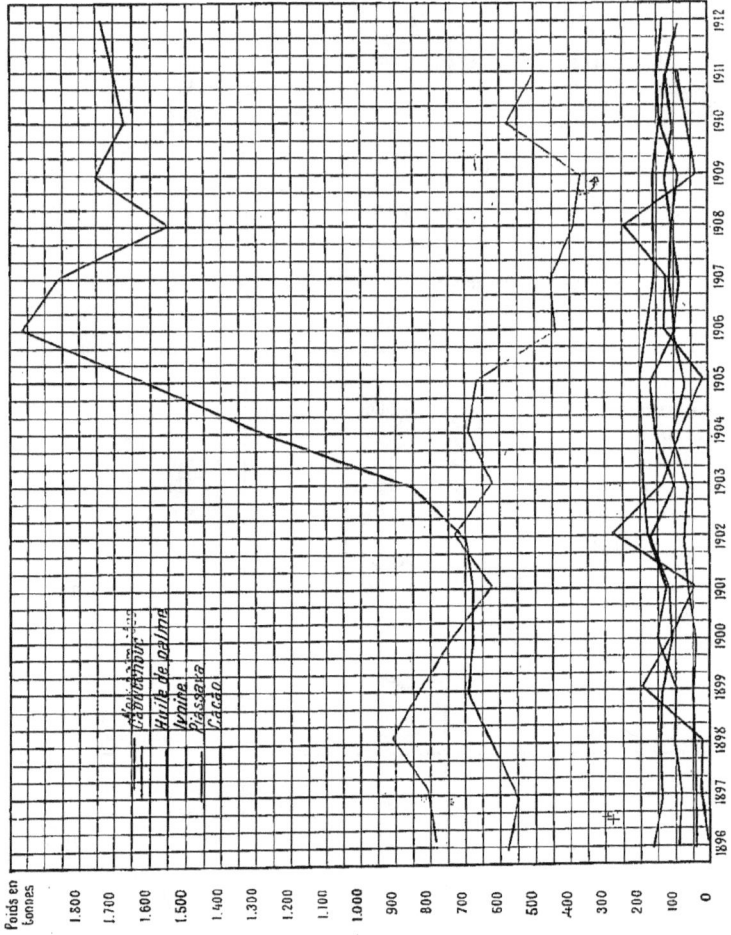

Mouvement des exportations de bois d'ébénisterie de l'Afrique équatoriale française depuis 1896.

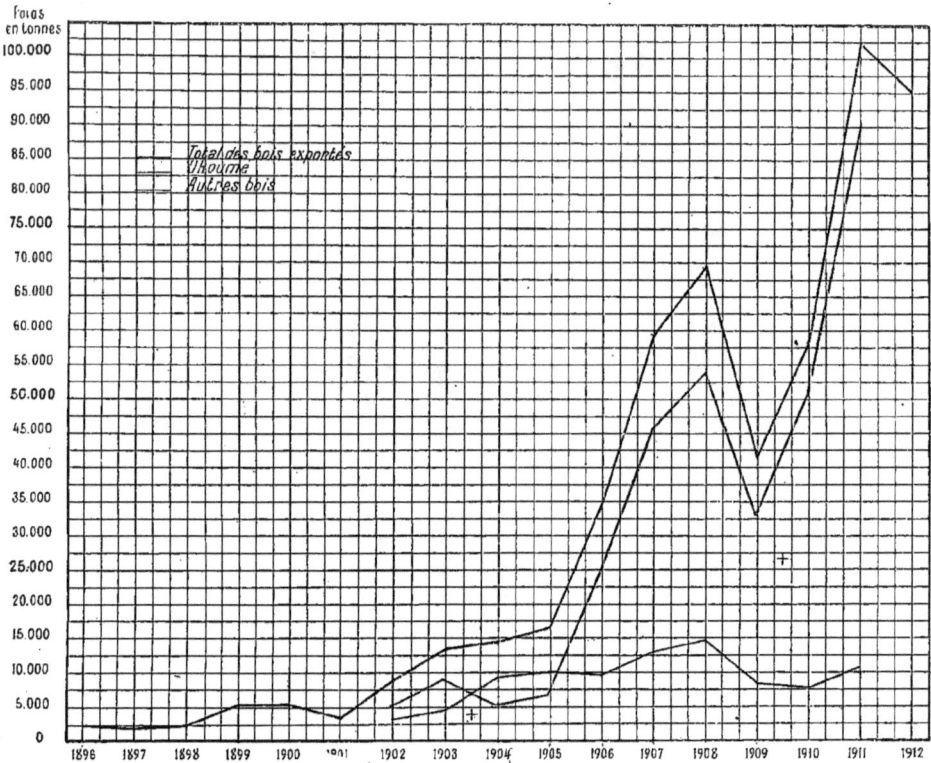

Mouvement des exportations de bois d'ébénisterie
de l'Afrique équatoriale française
depuis 1896.

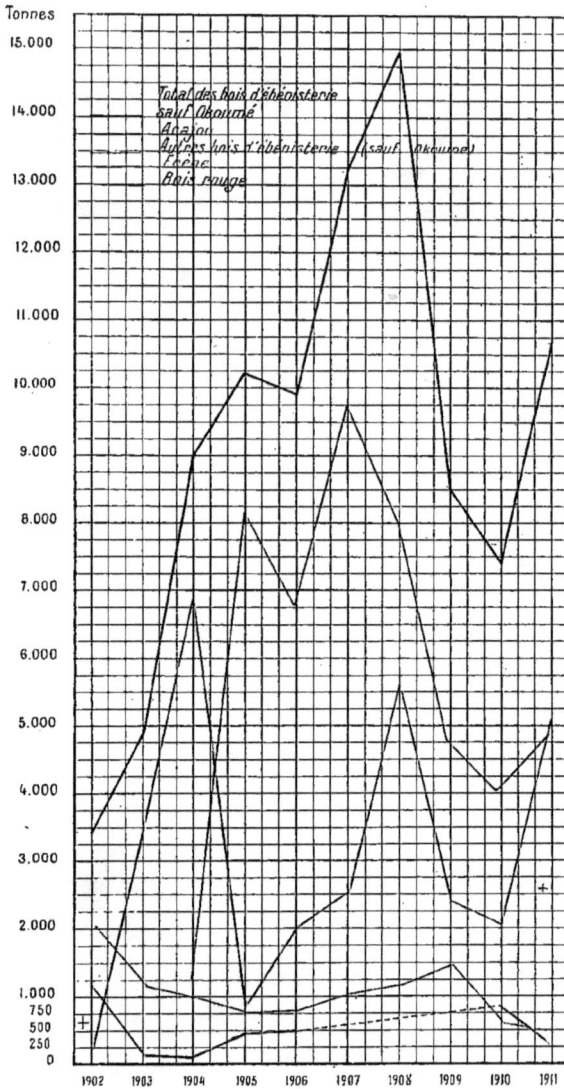

Tonnes

15.000

14.000

13.000

12.000

11.000

10.000

9.000

8.000

7.000

6.000

5.000

4.000

3.000

2.000

1.000
750
500
250
0

Total des bois d'ébénisterie
sauf Okoumé
Acajou
Autres bois d'ébénisterie (sauf Okoumé)
Ebène
Bois rouge

1902 1903 1904 1905 1906 1907 1908 1909 1910 1911

XI. **Minerais de cuivre**. — Les silicates et les carbonates de cuivre des riches gisements situés entre Brazzaville et Loango ne sont exportés que depuis deux ans. Les difficultés de transport limitent pour le moment la quantité exportable.

L'importance respective de la valeur des produits d'exportation est la suivante en 1911.

P. 100

Ivoire. . . . . 12,5 de l'exportation totale.
Caoutchouc. . . . . 62,1 —
Amandes de palme. . . . . 0,6 —
Bois de toute nature. . . . . 20,3 —
Autres produits . . . . 4,5 —

TABLEAU IX. — **Mouvement des exportations de bois d'ébénisterie de l'Afrique équatoriale française depuis 1896**
(Quantités exprimées en tonnes)

ANNÉES	OKOUMÉ	ÈBÈNE	ACAJOU	BOIS ROUGE	AUTRES BOIS	TOTAL
1896	»	»	»	»	»	2 886
1897	»	»	»	»	»	2 002
1898	706	1 397	»	148	35	2 286
1899	»	»	»	»	»	5 763
1900	»	»	»	»	»	5 867
1901	»	»	»	»	»	3 258
1902	3 282	2 116	»	1 138	186	8 722
1903	3 894	1 404	»	26	3 475	13 799
1904	5 371	950	1 169	13	6 868	14 371
1905	6 751	755	8 177	391	862	16 236
1906	24 259	776	6 792	392	1 960	34 186
1907	45 648	1 095	9 743	»	2 525	59 001
1908	53 778	1 207	7 942	»	5 642	69 069
1909	33 003	1 458	4 590	»	2 310	41 561
1910	51 411	663	4 002	763	2 005	58 844
1911	91 540	496	4 840	243	5 121	102 240
1912	»	»	»	»	»	95 767

INFLUENCE DU TARIF DOUANIER SUR L'ORIGINE DES IMPORTATIONS
OPÉRATIONS DES SOCIÉTÉS CONCESSIONNAIRES

En créant des colonies dans les régions intertropicales, peu favorables à l'installation des populations de race blanche, les nations européennes ont eu avant tout pour objet de créer des débouchés nouveaux à leurs industries nationales. Plusieurs d'entre elles ont pensé que les marchés coloniaux devaient tirer sinon la totalité, du moins la majeure partie de leurs importations de la métropole qui avait consenti de lourds sacrifices pour ouvrir le pays à la civilisation, et afin d'éliminer la concurrence étrangère ont frappé les marchandises non nationales de droits de douanes spéciaux.

Tel fut le cas pour les colonies françaises dans lesquelles la loi du 11 janvier 1892 ordonna l'application du tarif douanier métropolitain. Parmi celles-ci, figure l'ancien

TABLEAU X. — Mouvements comparés et par pays d'origine des Importations dans l'ancien Gabon et dans la partie française du Bassin conventionnel du Congo (Commerce spécial).

(Valeurs en milliers de francs)

ANNÉES	BASSIN CONVENTIONNEL			ANCIEN GABON			TOTAL DES IMPORTATIONS DE L'A.E.F.			PART DU COMMERCE FRANÇAIS DANS LES IMPORTATIONS TOTALES	
	MARCHANDISES		TOTAUX	MARCHANDISES		TOTAUX	MARCHANDISES		TOTAUX	AU GABON	DANS LE BASSIN CONVENT.
	FRANÇAISES	ÉTRANGÈRES		FRANÇAISES	ÉTRANGÈRES		FRANÇAISES	ÉTRANGÈRES			
1892	211	708	919	914	1 328	2 242	1 125	2 036	3 161	40 %	23 %
1893	319	1 060	1 379	1 121	666	1 787	1 440	1 726	3 166	63 %	23 %
1894	242	2 130	2 372	938	1 295	2 233	1 180	3 425	4 605	42 %	10 %
1895	292	2 100	2 392	1 453	1 804	2 257	1 745	3 904	5 649	44 %	12 %
1896	312	1 830	2 142	1 096	1 459	2 555	1 408	3 289	4 697	43 %	15 %
1897	170	1 211	1 381	842	1 330	2 172	1 012	2 541	3 553	38 %	12 %
1898	277	2 113	2 390	1 006	1 440	2 446	1 283	3 553	4 836	41 %	11 %
1899	891	2 461	3 352	1 564	1 768	3 332	2 455	4 229	6 684	47 %	27 %
1900	2 608	3 617	6 225	2 215	2 056	4 271	4 824	5 672	10 496	52 %	42 %
1901	1 817	1 918	3 735	2 204	1 869	4 073	4 021	3 787	7 808	54 %	49 %
1902	1 031	1 996	3 027	1 610	1 182	2 792	2 641	3 178	5 819	57 %	34 %
1903	1 327	1 604	2 931	2 003	2 338	4 341	3 330	3 942	7 272	46 %	45 %
1904	3 043	1 355	4 398	2 675	2 145	4 820	5 718	3 500	9 218	56 %	69 %
1905	1 865	3 549	5 414	2 963	1 802	4 765	4 828	5 351	10 179	62 %	35 %
1906	2 171	4 230	6 401	3 337	3 056	6 393	5 508	7 286	12 794	52 %	34 %
1907	1 905	4 192	6 097	4 833	3 832	8 665	6 738	8 024	14 762	56 %	31 %
1908	1 631	3 307	4 938	2 638	2 052	4 690	4 269	5 359	9 628	57 %	33 %
1909	2 088	4 329	6 417	2 446	1 725	4 171	4 534	6 054	10 588	59 %	33 %
1910	3 288	4 750	8 038	2 747	1 733	4 480	6 035	6 483	12 518	61 %	41 %
1911	4 775	5 097	9 782	2 895	2 117	5 012	7 670	7 124	14 794	58 %	49 %
1912	»	»	10 000	»	»	6 196	»	»	17 000	»	»

Mouvements comparés et par pays d'origine des Importations dans l'ancien Gabon
et dans la partie française du Bassin conventionnel du Congo.

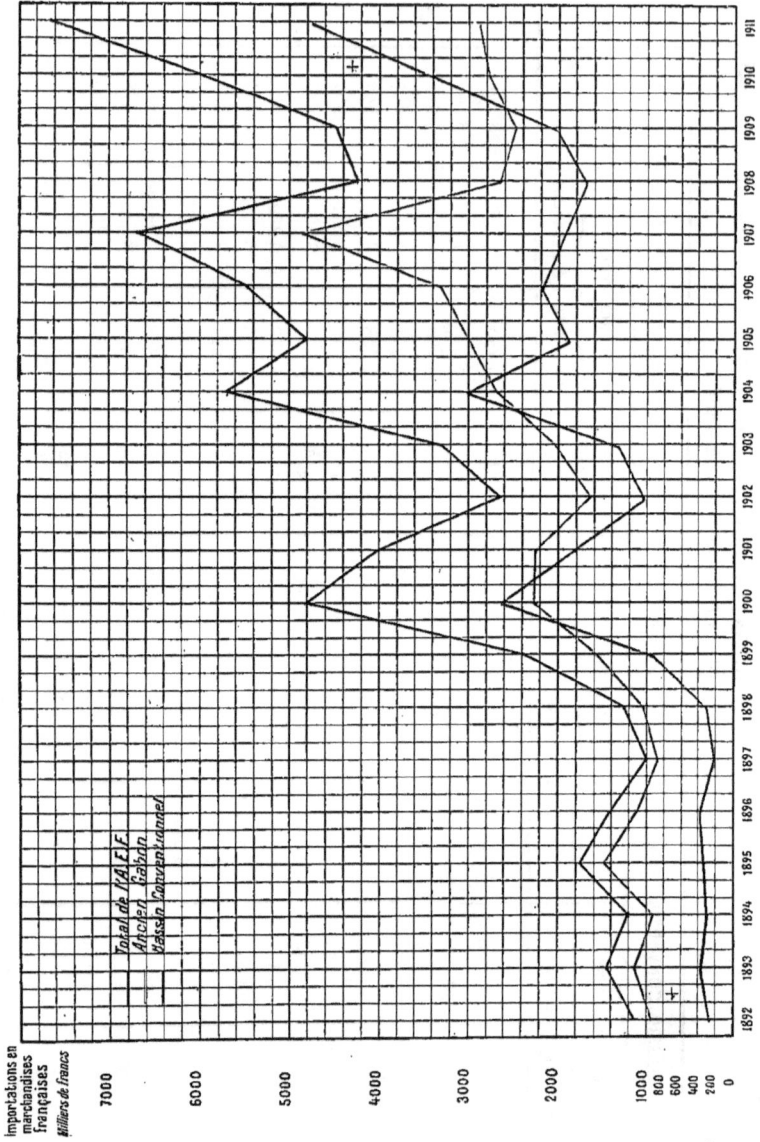

Importations en
marchandises
françaises
Milliers de Francs

Total de l'A.E.F.
Ancien Gabon
Bassin Conventionnel

7000
6000
5000
4000
3000
2000
1000
800
600
400
200
0

1892 1893 1894 1895 1896 1897 1898 1899 1900 1901 1902 1903 1904 1905 1906 1907 1908 1909 1910 1911

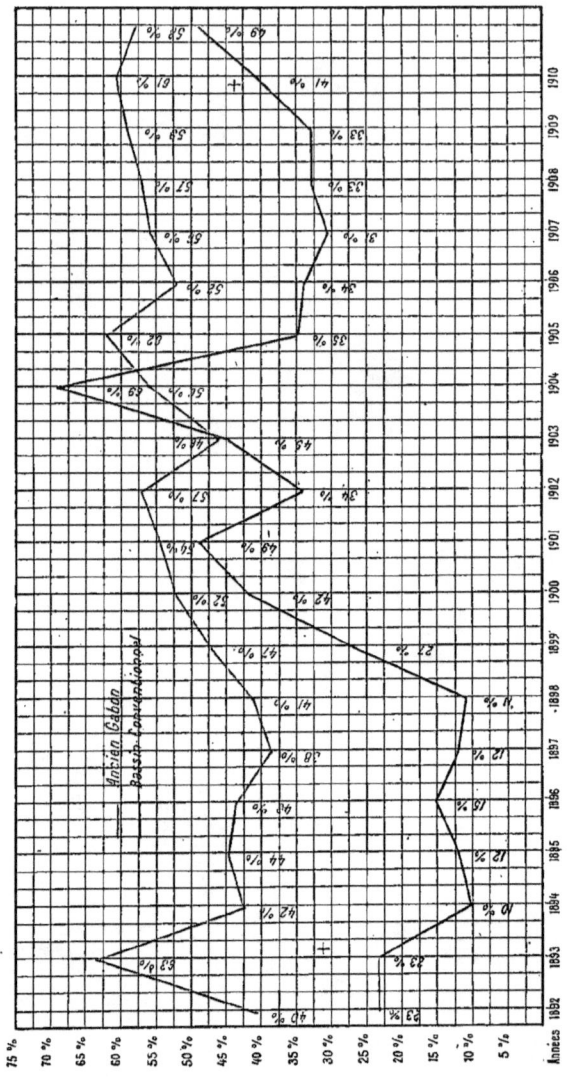

GRAPHIQUE X'

Mouvements comparés et par pays d'origine des Importations dans l'ancien Gabon et dans la partie française du Bassin conventionnel du Congo.

Gabo
et de
Po
Bruxe
percep
origin
L'au
ment f
De
passé d
françai
23 fois
Gabon
à 9782
1 o64 p
Si, c
note le
consid
1° l
d'un po
2° L
de l'im
répour
On y
d'origi
l'impor
fiques
l'admin

Opér a

En
donner
naissa
d'acha
Le
5 76
7 124
qui ét
tation
A
que
accu
Ir

I

Gabon, c'est-à-dire la partie maritime de la colonie comprenant les bassins du Gabon et de l'Ogoué.

Pour le reste de l'Afrique équatoriale française l'Acte de Berlin (1886), l'Acte de Bruxelles (1890) et la convention franco-anglaise du Nil (1898) ne permettent que la perception de taxes fiscales d'un taux uniforme pour les marchandises de toute origine et n'excédant pas 10 pour 100 ad valorem.

L'ancien Gabon était doté depuis 1888 d'un tarif protecteur dont le taux seulement fut élevé à partir du 1er janvier 1893, par la loi du 11 janvier 1892.

De 1892 à 1911, les importations françaises dans l'ancien Gabon (tableau 10) ont passé de 914 000 francs à 2 895 000 soit un progrès de 316 pour 100 et dans la partie française du Bassin Conventionnel de 211 000 francs à 4 775 000 francs soit près de 23 fois plus. Mais pendant la même période, l'ensemble des importations a passé au Gabon de 2 242 000 francs à 5 012 000 ; dans le Bassin Conventionnel de 919 000 francs à 9 782 000 francs, soit un progrès d'une part de 224 pour 100, de l'autre de 1 064 pour 100.

Si, cependant, sans tenir compte uniquement du chiffre des valeurs importées, on note le pourcentage des marchandises d'origine française dans les deux régions considérées, il apparaît (graphique 10 bis) qu'en vingt années :

1° Le régime protectionniste au Gabon a fait bénéficier les importations françaises d'un progrès de 40 à 60 pour 100 soit 20 pour 100 du total.

2° Le régime uniforme du Bassin Conventionnel n'a pas empêché la quote-part de l'importation française de s'élever de 23 à 46 pour 100, soit un progrès de 26 pour 100 que les résultats de 1912 ne tarderont pas à porter à 30 pour 100.

On peut, dès maintenant, affirmer que dans un avenir peu éloigné les importations d'origine française représenteront, dans le Bassin Conventionnel, un pourcentage de l'importation totale inférieur d'à peine un dixième à celui qui ressort des statistiques du Gabon. Ce résultat aura été obtenu par le seul effet de l'occupation et de l'administration du pays par la France.

Opérations des Sociétés Concessionnaires.

En 1899, le gouvernement métropolitain se trouvant dans l'impossibilité de donner à la colonie les moyens d'occuper l'immense territoire que nous reconnaissaient les conventions internationales, accorda à des sociétés le privilège exclusif d'achat des produits du sol sur des étendues considérables du pays.

Le trafic total des Sociétés concessionnaires a doublé de 1903 en 1911 passant de 9 716 000 à 19 881 000 francs, mais tandis que leurs exportations passaient de 7 124 000 à 16 594 000 francs, accusant un progrès de 132 pour 100, les importations qui étaient de 2 592 000 en 1903 ne sont que de 3 287 000 en 1911, soit une augmentation de 26 pour 100 (tableau 11).

Au cours de la même période, les opérations du commerce de libre concurrence que l'on désigne en Afrique, par abrévation sous le nom de commerce libre, accusent les résultats suivants :

Importations : En 1903 : 4 680 000 francs ; en 1911 : 14 507 000 francs.
Progrès : 6 827 000, soit 145 pour 100.
Exportations : En 1903 : 3 127 000 francs ; en 1911 : 9 398 000 francs.
Progrès : 6 271 000, soit 200 pour 100.

TABLEAU XI. — Comparaison des opérations des Sociétés concessionnaires et du commerce libre

(Valeurs en milliers de francs.)

ANNÉES	SOCIÉTÉS CONCESSIONNAIRES			COMMERCE LIBRE			ENSEMBLE DES TRANSACTIONS DU COMMERCE SPÉCIAL			PART PROPORTIONNELLE DES SOCIÉTÉS CONCESSIONNAIRES DANS L'ENSEMBLE DU COMMERCE (Commerce spécial.)		
	IMPORTATION	EXPORTATION	TOTAL	IMPORTATION	EXPORTATION	TOTAL	IMPORTATION	EXPORTATION	TOTAL	IMPORTATION	EXPORTATION	TOTAL
1903	2 592	7 124	9 716	4 680	3 127	7 808	7 272	10 251	17 523	36 %	69 %	55 %
1904	3 480	8 801	12 281	5 738	2 799	3 537	9 218	11 600	20 818	38 %	80 %	59 %
1905	4 893	10 116	15 009	5 286	3 416	8 702	10 179	13 532	23 711	49 %	75 %	63 %
1906	6 361	10 893	17 254	6 432	4 967	11 399	12 793	15 860	28 653	49 %	68 %	60 %
1907	7 292	12 186	19 478	7 469	6 608	14 077	14 761	18 794	33 555	49 %	65 %	58 %
1908	3 958	12 206	16 164	5 670	4 696	9 466	9 628	16 002	25 630	41 %	76 %	63 %
1909	3 431	12 850	16 282	7 156	3 457	10 613	10 587	16 308	26 896	33 %	78 %	60 %
1910	3 678	17 077	20 755	8 839	6 428	15 267	12 517	23 505	36 023	28 %	72 %	57 %
1911	3 287	16 594	19 881	11.507	9 398	20 905	14 794	25 992	40 786	26 %	64 %	46 %

Comparaison des opérations des Sociétés concessionnaires
et du commerce libre.

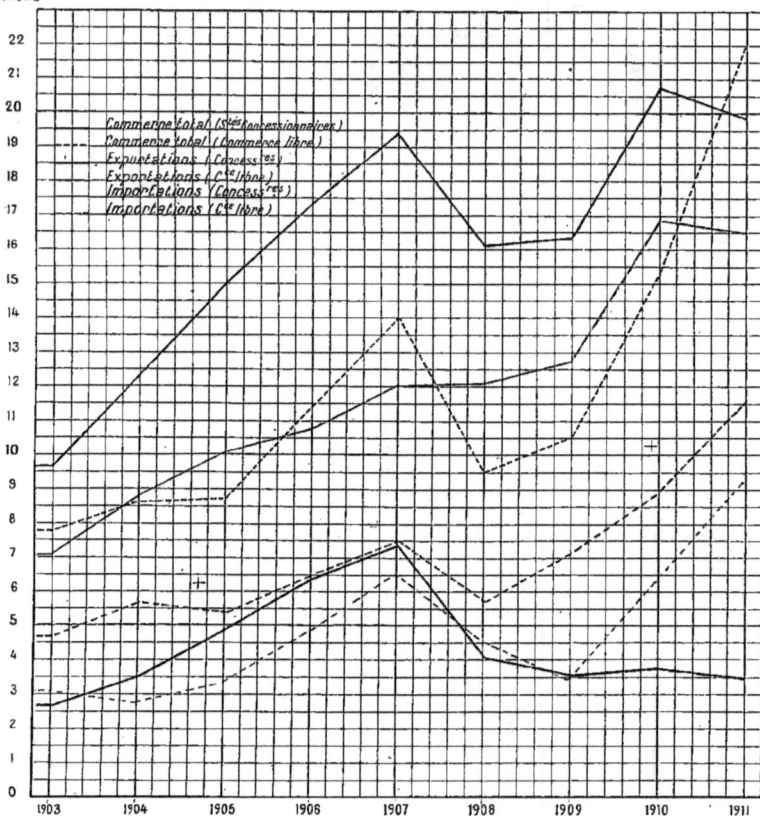

Millions

Commerce total (S^{tés} concessionnaires)
Commerce total (Commerce libre)
Exportations (Concess^{res})
Exportations (C^{ce} libre)
Importations (Concess^{res})
Importations (C^{ce} libre)

II

STATISTIQUES DE LA NAVIGATION

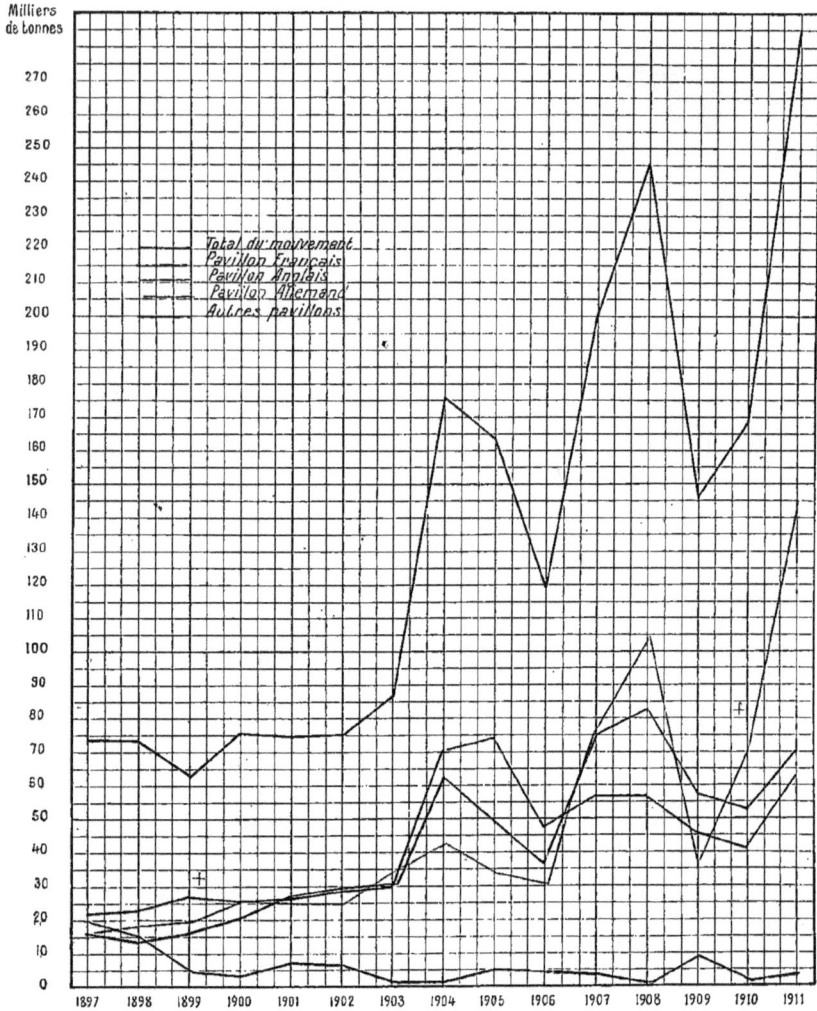

Graphique I

Mouvement de la Navigation maritime en Afrique équatoriale française
par pavillons.

NAVIGATION MARITIME

Trafic maritime de la Colonie.

Une partie seulement du commerce extérieur de la colonie, celui qui s'effectue par les ports du Gabon, est sous le contrôle de l'administration française pour les transports par mer. Tout le trafic du Moyen Congo, de l'Oubangui et du Tchad transitant par le fleuve Congo et ses affluents emprunte la voie ferrée belge et le port de Matadi.

La côte gabonaise compte quatre ports, dont deux importants : Cap Lopez et Libreville, un troisième qui pourra devenir le premier de tous, lorsque nous posséderons des voies ferrées : Loango-Pointe-Noire, enfin des rades foraines peu importantes : Sette Cama, Mayumba.

Les navires qui fréquentent ces ports, à l'exception de quelques rares affrétés italiens, scandinaves ou portugais, appartiennent tous à des compagnies françaises, anglaises ou allemandes.

L'énorme extension prise depuis quelques années par l'exploitation forestière a donné un fret d'exportation considérable aux lignes de navigation qui touchent à Hambourg et à Liverpool, villes où sont vendus les bois gabonais.

Par contre, à l'importation, les navires français ont conservé le premier rang pour le fret débarqué.

En 1911 (tableau I), la situation de l'ensemble des ports du Gabon se résumait ainsi :

	Tonnage commercial des navires.	Fret débarqué.	Fret embarqué.
	Tonnes.	Tonnes.	Tonnes.
Navires français.	63 016	5 577	9 297
— anglais.	71 216	2 225	46 852
— allemands.	145 687	957	45 442

Depuis 1904, première année où des relevés statistiques précis ont été établis, le nombre des navires français ayant touché au Gabon est tombé de 47 à 31 ; le tonnage nominal de 73 000 à 63 000 tonnes, et si le fret à l'entrée a gagné 2 500 tonnes, c'est-à-dire presque doublé, le fret de sortie a perdu près de 4 000 tonnes de 13 000 à 9 300 tonnes.

Durant la même période, les navires anglais ont passé de 32 unités à 40, de 63 000 tonnes de jauge à 71 000, leur fret à l'entrée de 1 400 à 2 200 tonnes, à la sortie de 3 420 à 46 852 tonnes.

Les navires allemands représentent 50 unités au lieu de 29 ; 145 687 tonnes au lieu de 42 174 ; ils portent seulement 957 tonnes à l'entrée contre 716, mais 45 442 à la sortie contre 1 668.

Importance relative des Ports.

Les statistiques de la navigation ont été établies jusqu'à ces dernières années d'une façon fort imparfaite. Le tableau n° II ci-après qui présente le mouvement particulier de chacun des trois ports principaux contient par suite de nombreuses lacunes, seuls les renseignements contrôlés y ayant été repris.

Batellerie fluviale.

Il n'existe, à proprement parler, pas de navigation maritime dans la colonie, ni au long cours, ni au cabotage. Par contre, un immense réseau fluvial permet les trans-

Tableau J. — **Mouvement de la Navigation Maritime**

NAVIRES ENTRÉS DANS LES PORTS DU GABON			1897	1898	1899	1900	1901
NAVIRES PORTANT PAVILLON FRANÇAIS	Nombre.		19	19	20	25	19
	Tonnage commercial (T.)		22 795	22 408	26 235	30 696	24 963
	Fret débarqué	Tonnes.	»	»	»	»	»
		Valeurs.	1 102	2 134	2 463	4 944	4 063
	Fret embarqué.	Tonnes.	»	»	»	»	»
		Valeurs.	860	3 487	1 609	2 645	2 643
NAVIRES PORTANT PAVILLON ANGLAIS	Nombre.		12	11	13	13	13
	Tonnage commercial (T.)		15 773	14 782	15 618	20 373	25 912
	Fret débarqué	Tonnes.	»	»	»	»	»
		Valeurs.	1 428	2 681	2 151	3 047	1 715
	Fret embarqué.	Tonnes.	»	»	»	»	»
		Valeurs.	1 891	3 374	2 623	1 714	1 618
NAVIRES PORTANT PAVILLON ALLEMAND	Nombre.		12	12	12	13	11
	Tonnage commercial (T.)		15 444	17 100	16 793	20 726	17 676
	Fret débarqué	Tonnes.	»	»	»	»	»
		Valeurs.	658	1 086	738	1 120	606
	Fret embarqué.	Tonnes.	»	»	»	»	»
		Valeurs.	1 130	1 430	785	618	342
NAVIRES PORTANT UN AUTRE PAVILLON	Nombre.		28	18	11	24	11
	Tonnage commercial (T.)		20 884	17 792	4 526	3 971	6 872
	Fret débarqué	Tonnes.	»	»	»	»	»
		Valeurs.	384	1 989	1 339	1 903	1 603
	Fret embarqué.	Tonnes.	»	»	»	»	»
		Valeurs.	1 387	1 257	1 608	2 597	2 160
MOUVEMENT TOTAL	Nombre.		71	60	56	75	54
	Tonnage commercial (T.)		74 896	68 082	63 172	75 766	75 423
	Fret débarqué	Tonnes.	»	»	»	»	»
		Valeurs.	3 572	7 890	6 691	11 014	7 987
	Fret embarqué.	Tonnes.	»	»	»	»	»
		Valeurs.	5 278	9 548	6 625	7 574	6 763

NOTA. — Les valeurs sont exprimées en milliers de francs, la capacité des navires en tonnes de jauge d'après

Afrique équatoriale française par pavillons

	1902	1903	1904	1905	1906	1907	1908	1909	1910	1911
	17	19	47	46	28	28	25	18	18	31
	25 344	27 711	70 090	73 039	47 654	55 743	55 382	45 759	42 805	63 016
	»	»	3 013	2 875	3 638	4 300	3 808	3 181	3 706	5 577
	2 744	2 410	2 557	2 972	3 381	4 151	3 068	2 835	3 105	3 629
	»	»	12 912	10 106	20 494	15 565	19 304	13 335	12 210	9 297
	2 369	3 071	3 891	4 058	5 342	4 450	3 073	2 324	2 516	2 162
	13	13	32	28	18	39	41	30	30	40
	7 756	31 326	63 747	51 796	36 696	74 978	82 299	58 561	52 710	71 216
	»	»	1 420	1 956	1 693	2 132	1 914	1 303	1 487	2 225
	1 048	1 997	1 675	1 516	1 888	1 820	1 346	1 464	1 383	1 956
	»	»	3 420	6 113	9 148	21 726	15 423	11 211	13 388	46 852
	1 390	1 067	894	1 448	1 573	2 808	1 504	1 364	1 533	2 920
	13	21	29	21	19	36	40	19	34	50
	7 715	27 677	42 174	32 991	29 652	77 257	102 352	36 283	71 771	145 687
	»	»	716	549	1 529	689	1 309	439	1 297	957
	411	548	523	444	734	431	539	273	657	560
	»	»	1 668	1 801	6 254	19 304	24 426	16 843	35 142	45 442
	385	263	194	210	710	1 962	1 934	876	2 021	2 544
	6	3	4	5	17	6	7	7	6	3
	5 209	298	202	5 260	4 304	1 519	7 093	4 689	1 280	2 738
	»	»	96	370	»	619	19	»	20	34
	1 484	19	56	276	- »	507	227	»	16	19
	»	»	»	458	127	3 968	10	1 165	1 463	2 203
	3 594	»	»	50	18	398	32	58	73	121
	49	56	112	100	82	109	113	78	88	124
	6 024	87 012	176 213	163 086	118 305	209 497	247 126	145 292	168 566	282 657
	»	»	5 245	5 750	6 860	7 740	7 050	4 923	6 510	8 793
	5 687	4 274	4 811	3 210	6 003	6 909	5 189	4 573	5 161	6 465
	»	»	18 072	18 478	36 020	60 563	59 163	42 554	62 203	103 794
	7 738	4 401	4 979	5 716	7 643	9 618	6 543	4 622	6 142	7 747

de nationalité et le poids du fret en tonnes de 1 000 kilogr.

TABLEAU II

Mouvements comparés de la Navigation maritime dans les principaux ports de l'Afrique équatoriale française

PORT DE LIBREVILLE

ANNÉES	NAVIRES FRANÇAIS						NAVIRES ÉTRANGERS						TOTAL					
	NOMBRE	TONNAGE	MARCH. DÉBARQUÉES		MARCH. EMBARQUÉES		NOMBRE	TONNAGE	MARCH. DÉBARQUÉES		MARCH. EMBARQUÉES		NOMBRE	TONNAGE	MARCH. DÉBARQUÉES		MARCH. EMBARQUÉES	
			TONNAGE	VALEUR	TONNAGE	VALEUR			TONNAGE	VALEUR	TONNAGE	VALEUR			TONNAGE	VALEUR	TONNAGE	VALEUR
1904	20	29 691	862	535	2 873	269	29	48 308	563	655	3 848	580	49	77 999	1 425	1 190	6 721	850
1905	23	38 051	733	617	3 087	399	27	49 749	680	771	6 855	1 055	50	87 800	1 413	1 388	9 942	1 455
1906	25	43 975	1 413	882	7 946	989	38	57 217	955	878	13 902	1 700	63	101 192	2 368	1 761	21 848	2 689
1907	72	106 976	1 849	814	2 198	1 984	101	194 865	692	1 669	34 805	4 261	173	301 841	2 541	2 483	37 003	6 245
1908	66	95 767	1 139	734	1 717	292	113	247 941	1 608	1 072	33 687	2 126	179	343 708	2 747	1 806	35 404	2 419
1909	52	89 779	1 067	1 049	5 919	309	102	176 698	682	866	20 362	1 444	154	266 477	1 749	1 915	26 281	1 753
1910	17	40 883	1 418	1 010	4 442	373	43	73 885	1 464	995	20 857	1 282	60	114 768	2 882	2 004	25 399	1 655
1911	23	59 482	1 750	1 284	1 919	273	46	93 741	1 146	916	35 504	2 049	69	153 223	2 896	2 301	37 423	2 323

PORT DE CAP LOPEZ

ANNÉES	NAVIRES FRANÇAIS						NAVIRES ÉTRANGERS						TOTAL					
	NOMBRE	TONNAGE	MARCH. DÉBARQUÉES		MARCH. EMBARQUÉES		NOMBRE	TONNAGE	MARCH. DÉBARQUÉES		MARCH. EMBARQUÉES		NOMBRE	TONNAGE	MARCH. DÉBARQUÉES		MARCH. EMBARQUÉES	
			TONNAGE	VALEUR	TONNAGE	VALEUR			TONNAGE	VALEUR	TONNAGE	VALEUR			TONNAGE	VALEUR	TONNAGE	VALEUR
1904	»	»	1 829	1 790	5 944	2 471	»	»	455	750	999	310	»	»	2 284	2 541	6 943	2 781
1905	»	»	1 770	2 041	3 124	2 504	»	»	378	625	128	416	»	»	2 248	2 666	4 402	2 920
1906	»	»	1 576	1 926	8 297	3 219	»	»	418	775	1 412	382	»	»	1 994	2 701	9 710	3 601
1907	69	112 295	2 316	2 886	10 553	1 545	52	86 472	165	364	8 276	425	121	198 767	3 094	3 250	18 829	1 969
1908	69	119 525	»	2 012	11 221	1 974	54	105 797	301	536	4 973	1 106	123	225 322	2 617	2 548	16 194	3 080
1909	53	91 263	1 805	1 473	4 033	1 437	48	83 695	360	567	8 478	587	101	174 958	2 165	2 040	12 511	2 025
1910	»	»	1 487	1 327	5 219	1 627	»	»	846	734	28 112	1 636	»	»	2 333	3 061	33 331	3 263
1911	»	»	»	»	»	»	»	»	»	»	»	»	»	»	»	»	»	»

PORT DE LOANGO

ANNÉES	NAVIRES FRANÇAIS						NAVIRES ÉTRANGERS						TOTAL					
	NOMBRE	TONNAGE	MARCH. DÉBARQUÉES		MARCH. EMBARQUÉES		NOMBRE	TONNAGE	MARCH. DÉBARQUÉES		MARCH. EMBARQUÉES		NOMBRE	TONNAGE	MARCH. DÉBARQUÉES		MARCH. EMBARQUÉES	
			TONNAGE	VALEUR	TONNAGE	VALEUR			TONNAGE	VALEUR	TONNAGE	VALEUR			TONNAGE	VALEUR	TONNAGE	VALEUR
1904	17	25 739	189	103	728	339	24	41 848	830	553	309	209	41	67 587	1 019	656	1 037	548
1905	18	26 772	189	204	729	344	28	45 427	832	552	313	197	46	72 199	1 021	756	1 042	541
1906	»	»	347	254	178	275	»	»	1 779	880	209	215	»	»	2 126	1 104	387	490
1907	23	40 158	256	138	277	306	31	46 992	561	704	2 097	290	54	87 150	1 817	958	574	596
1908	31	63 778	188	164	851	319	30	42 603	271	474	245	161	61	106 381	1 459	612	1 006	480
1909	26	30 862	203	242	1 105	330	30	37 523	651	281	340	263	56	68 385	854	444	1 445	593
1910	»	»	233	»	938	333	»	»	903	559	1 051	577	»	»	1 136	801	1 989	910
1911	»	»	»	»	»	»	»	»	»	»	»	»	»	»	»	»	»	»

ports par batellerie et il est parcouru par des flottilles de bateaux de toute sorte dont l'importance augmente de jour en jour (tableau 3).

La Compagnie des Chargeurs réunis dessert l'Ogoué jusqu'à Njolé au moyen de deux vapeurs à roues arrière assurant un service postal bimensuel. Sur le Congo supérieur, la Compagnie des Messageries fluviales effectue au moins un départ postal régulier par mois vers Bangui et vers Ouesso.

Cette compagnie ainsi que la Compagnie hollandaise N. A. H. V. mettent en outre en route plusieurs vapeurs commerciaux chaque mois.

Enfin, deux petits vapeurs remontent régulièrement le Mbomou et deux autres, le Chari.

La capacité de transport totale de la batellerie locale atteignait, en 1911, 2 378 tonnes.

TABLEAU III. —Bateaux ou embarcations en service dans les estuaires, les fleuves et riv. de l'Afrique Équatoriale française au 1er juillet 1912.

BASSINS DESSERVIS	VAPEURS FLUVIAUX DE 100 TONNES et au-dessus NOMBRE	TONNAGE	VAPEURS CARGOS N.	T.	VAPEURS de moins de 100 tonnes N.	T.	CANOTS auto-moteurs N.	T.	BATEAUX à voiles N.	T.	CHALANDS allèges N.	T.	BALEINIÈRES et PIROGUES N.	T.	TOTAL N.	T.
Libreville et fleuve Gomo	»	»	»	»	»	»	2	8	3	51	10	40	10	16	25	115
Cap Lopez et fleuve Ogoué :																
Ligne des Chargeurs réunis	2	341	»	»	»	»	»	»	»	»	3	100	2	3	7	444
Particuliers	»	»	»	»	»	»	9	62	»	»	»	»	10	18	19	80
Total pour le Bassin de l'Ogoué	2	341	»	»	»	»	9	62	»	»	3	100	12	21	26	524
Région de Setté Cama	»	»	»	»	»	»	»	»	»	»	12	44	25	35	37	79
Région de Loango et du Kouilou	»	»	»	»	2	31	»	»	»	»	»	»	12	26	14	57
Bassin du Congo Supérieur :																
A) Bief de Brazzaville.																
Compagnie des Messageries fluviales, Lignes de l'Oubangui et de la Sanga.	2	420	1	200	5	140	»	»	»	»	5	130	»	»	13	820
Compagnie Hollandaise (Nieuwe Afrikaansche Hardels Vennootschap.) Service Brazzaville-Bangui	»	»	»	»	8	125	»	»	»	»	5	55	»	»	13	180
Compagnie française du Haut Congo (Brazzaville à la Likouala Mossaka, service de la Compagnie concessionnaire)	»	»	»	»	3	21	»	»	»	»	2	22	»	»	5	43
Particuliers divers	»	»	»	»	5	90	6	50	»	»	»	»	»	»	11	140
Total de la flotille du bief de Brazzaville.	2	420	1	200	21	375	6	50	»	»	12	207	»	»	42	1 253
B) Bief de l'Oubangui M'Bomou.	»	»	»	»	2	35	»	»	»	»	»	»	75	150	77	185
Fleuve Chari.	»	»	»	»	2	16	»	»	»	»	»	»	40	80	42	96
TOTAL GÉNÉRAL.	4	761	1	200	27	458	17	120	3	51	37	391	174	328	263	2 309

III

STATISTIQUES FINANCIÈRES

Recettes effectuées par les différents budgets de l'Afrique équatoriale française.

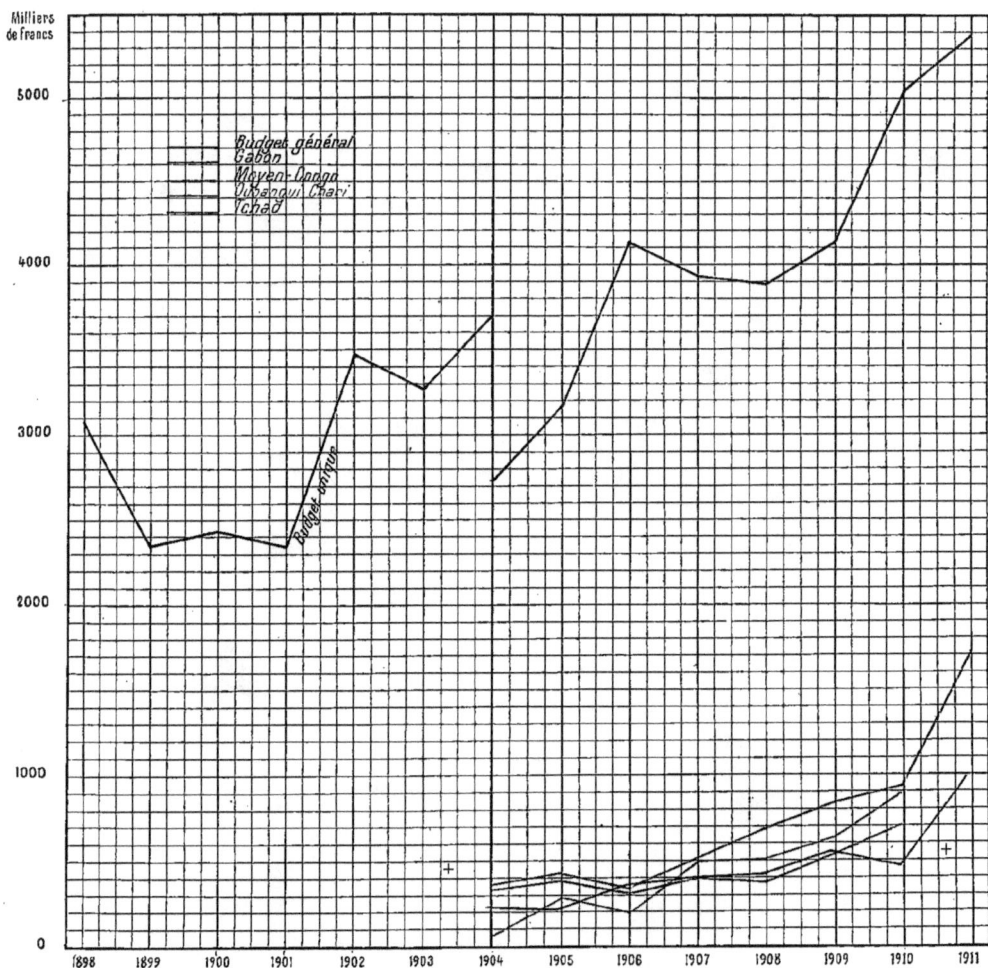

ORGANISATION FINANCIÈRE

L'Afrique équatoriale française n'a eu, jusqu'en 1903, qu'un budget unique alimenté, pour la presque totalité, par les impôts indirects. De 1898 à 1903, la moyenne de ses recettes annuelles a été d'environ 3 millions.

En 1904, la colonie du Gabon reçoit une autonomie financière qui est ensuite successivement étendue au Moyen Congo, à l'Oubangui, puis au Tchad.

Enfin, en 1906, un budget général est créé pour faire face aux dépenses d'utilité générale et au service des emprunts. Il est alimenté par les contributions indirectes, les recettes domaniales et quelques produits accessoires.

Les budgets des colonies sont alimentés par les impôts directs et par l'impôt de capitation.

Tous les chiffres relatifs aux situations budgétaires indiqués dans les tableaux qui vont suivre ne font état que des recettes proprement dites sans y comprendre les subventions de l'État ou du budget général.

TABLEAU I. — Recettes effectuées par les différents budgets
de l'Afrique équatoriale française.

ANNÉES	BUDGET du GÉNÉRAL	BUDGET du GABON	BUDGET du MOYEN CONGO	BUDGET OUBANGUI-CHARI	BUDGET du TCHAD	TOTAUX des BUDGETS
1898	»	»	»	»	»	3 073 691 [1]
1899	»	»	»	»	»	2 368 638 [1]
1900	»	»	»	»	»	2 412 125 [1]
1901	»	»	»	»	»	2 349 285 [1]
1902	»	»	»	»	»	3 476 641 [1]
1903	»	»	»	»	»	3 277 099 [1]
1904	2 727 065	241 241	356 111	24 063	338 370	3 686 850
1905	3 184 626	239 340	432 503	253 386	385 672	4.495 527
1906	4 128 753	371 922	360 091	168 876	318 590	5 348 232
1907	3 912 407	420 943	538 668	478 454	409 991	5 760 463
1908	5 878 913	449 152	707 482	499 378	371 115	5 906 041
1909	4 138 879	578 171	849 931	620 197	538 150	6 725 208
1910	5 050 729	489 455	943 188	896 402	701 397	8 081 171
1911	5 384 719	1 003 245	1 722 071	»	»	»

(1) Budget unique.

RECETTES DES DOUANES

Parmi les perceptions opérées pour le compte des budgets locaux, les recettes des douanes présentent un intérêt tout spécial.

Principale source de revenus du budget général, elles sont, en effet, proportionnelles à l'activité économique du pays, et leur progression est l'indice le plus certain du développement de la colonie.

Leur produit pourra devenir temporairement moins élevé que celui de l'impôt de capitation, si toute la population peut être soumise et recensée, mais elles reprendront la première place lorsque les indigènes accédant à la civilisation européenne, adopteront nos coutumes et achèteront nos produits fabriqués.

Les recettes des douanes, malgré les fluctuations que leur imposent les périodes d'activité ou de crise du commerce, sont considérées comme la perception dont le produit est le plus certain et affecté généralement à la garantie des emprunts. Elles ont atteint 4 306 000 francs en 1912, dépassant de 1 300 000 francs le chiffre de 1907, le plus élevé atteint antérieurement.

. Depuis trois ans, elles ont donné des plus-values sur les prévisions budgétaires qui ont atteint 1 400 000 francs en 1912.

Tableau II — Recettes des Douanes

Recettes effectuées comparées aux prévisions budgétaires

ANNÉES	RECETTES EFFECTUÉES	PRÉVISIONS
1892	804 449,55	»
1893	1 030 118,76	»
1894	1 144 317,92	»
1895	1 181 466,18	»
1896	1 160 313,08	»
1897	1 054 362 »	1 140 000 »
1898	1 190 324,83	955 000 »
1899	1 606 502,29	1 165 000 »
1900	1 985 363,15	1 500 168 »
1901	1 589 064 »	1 585 517,93
1902	1 458 460 »	1 610 947,94
1903	1 807 420 »	1 410 000 »
1904	2 082 110,70	1 622 000 »
1905	2 396 515,06	1 855 180 »
1906	2 909 266,56	2 367 730 »
1907	3 015 852 »	3 074 000 »
1908	2 382 126,16	2 900 000 »
1909	2 412 337 »	2 900 000 »
1910	2 828 788 »	2 780 000 »
1911	3 524 193,36	3 220 000 »
1912	4 306 050 »	2 900 000 »

GRAPHIQUE II. — Recettes des Douanes.

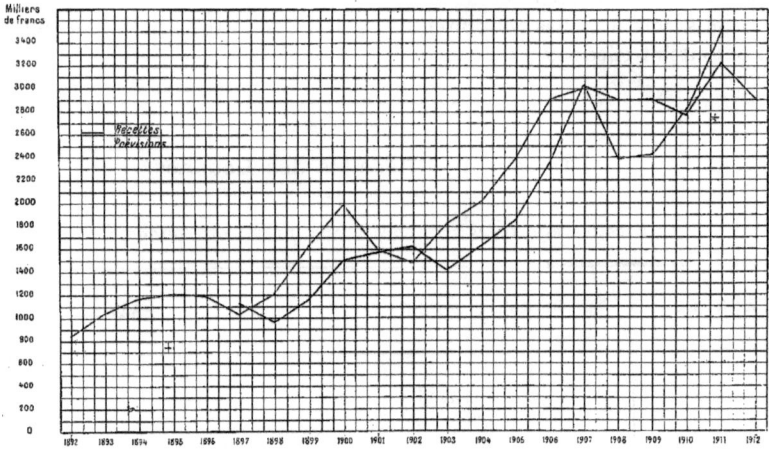

Milliers
de francs

3400
3200
3000
2800
2600
2400
2200
2000
1800
1600
1400
1200
1000
800
600
400
200
0

Recettes
Prévisions

1892 1893 1894 1895 1896 1897 1898 1899 1900 1901 1902 1903 1904 1905 1906 1907 1908 1909 1910 1911 1912

RECETTES DOUANIÈRES PAR NATURE DES DROITS

Les perceptions douanières comprennent des droits d'entrée, des droits de sortie, des taxes de consommation et des droits accessoires (tableau 3).

I. **Les droits d'entrée**, qui frappent les marchandises pénétrant dans la colonie, comprennent trois catégories de perceptions :

a) Les droits perçus d'après le tarif métropolitain sur les importations étrangères dans l'ancien Gabon ;

b) Les droits *ad valorem* perçus sur les importations de toute provenance dans les territoires compris dans le bassin conventionnel du Congo ;

c) Les droits frappant les boissons alcooliques importées dans toutes les parties de l'Afrique équatoriale française.

Les archives des douanes ne permettent d'indiquer le montant des recettes effectuées à ces trois titres que depuis 1906. Au cours de cette période, les encaissements faits en vertu du tarif métropolitain ont augmenté de 50 p. 100 bien que le taux des taxes n'ait pas été modifié. Dans le bassin conventionnel, le progrès n'est que de 30 p. 100. Quant aux alcools, dont la taxation a été élevée de 10 p. 100 environ en 1906 et en 1907, les recettes qu'ils ont produites ne gagnent que 22 p. 100.

On doit conclure de ces résultats que l'importation réellement commerciale, de marchandises taxées (c'est-à-dire sans y comprendre les approvisionnements de l'État) est surtout active dans l'ancien Gabon où l'exploitation forestière enrichit la population indigène. Cette partie de la colonie entre dans une période de prospérité, dont les provinces du moyen Congo et de l'Oubangui ne peuvent bénéficier, le manque de voies ferrées les privant de la possibilité d'exporter les produits lourds de leur sol.

Quant à l'alcool, il apparaît clairement qu'il est de moins en moins un article de commerce à mesure que les populations se civilisent, l'augmentation effective de la consommation étant de 12 p. 100, alors que les autres articles taxés — en ne tenant compte que de ceux-là — accusent un progrès triple ou quadruple.

Au total, les droits d'entrée, qui ont atteint 2 107 088, francs en 1912 sont donc le quadruple du chiffre constaté quatorze ans plus tôt en 1898, où ils n'atteignaient que 554 199 francs.

II. **Droits de sortie.** — Ces droits, qui tiennent lieu d'impôt foncier, existent depuis les premières années de l'occupation du Gabon et s'appliquaient au début à presque toutes les productions locales. Depuis l'année dernière, seuls l'ivoire, le caoutchouc et les bois d'ébénisterie sont taxés.

L'ivoire et le caoutchouc subissent un droit de 10 p. 100 *ad valorem*, mais par mesure de prudence, la valeur servant de base aux perceptions est fixée par la mercuriale à environ 2 francs par kilo en dessous du cours réel pour le caoutchouc, et à 3 où 4 francs pour l'ivoire. Les bois d'ébénisterie sont l'objet de taxations spécifiques correspondant à environ 1 et demi p. 100 à 2 p. 100 *ad valorem*.

Au cours des quatorze dernières années, le rendement des droits de sortie a quadruplé.

III. **Taxes de consommation.** — On désigne sous ce nom un impôt qui frappe la consommation de certains objets manufacturés, importés ou fabriqués dans le pays. C'est donc l'équivalent des droits de régie perçus en France par le service des contributions indirectes. Appliquées en 1900 à un grand nombre de marchandises, le taux en avait été diminué en 1901 et 1902, puis l'imposition n'avait été maintenue qu'à la poudre et aux armes dans l'ancien Gabon. La Protocole de Bruxelles ayant interdit pour quatre ans en 1909 le commerce de poudres, les recettes étaient devenues insignifiantes.

Les taxes actuelles ont été créées par un arrêté local mis en vigueur le 1er juillet 1911. Elles ont produit près de 650 000 francs en 1912.

En fait, l'industrie n'existant pour ainsi dire pas dans la colonie, la presque totalité des taxes sont perçues par les douanes sur des marchandises importées. Le rendement du droit sera donc proportionnel à celui des droits d'entrée (alcool non compris).

IV. **Droits divers.** — Cette rubrique comprenait diverses taxes dont les deux principales étaient les droits de navigation et les droits de statistique.

Les droits de navigation ont été supprimés pour favoriser le trafic maritime en fin de 1911, cette suppression devant compenser partiellement la charge imposée au commerce par la création des taxes de consommation.

Quant au droit de statistique, il donne un rendement proportionnel aux droits d'entrée et de sortie, étant fixé à 6 fr. 15 par colis ou par tonne suivant le cas.

Rendement total. — Dans l'ensemble, nos perceptions douanières produisent en 1912 un chiffre de recettes quintuple de celui constaté il y a vingt ans. Si la colonie est dotée de voies ferrées et de moyens de transport économiques, le montant des droits de douane progressera dans une proportion que l'on peut fixer de 10 à 15 p. 100 par an.

Recettes douanières de l'Afrique équatoriale française, par nature de droits perçus.

Milliers
de francs

4000

3000

2000

1000
900
800
700
600
500
400
300
200
100
0

1892 1893 1894 1895 1896 1897 1898 1899 1900 1901 1902 1903 1904 1905 1906 1907 1908 1909 1910 1911 1912

Total des Recettes
Droits de sortie
Droits d'entrée
Tarif du Bassin Conv.et
Droits sur les Alcools
Tarif métropolitain
Taxe de Consommation
Recettes diverses

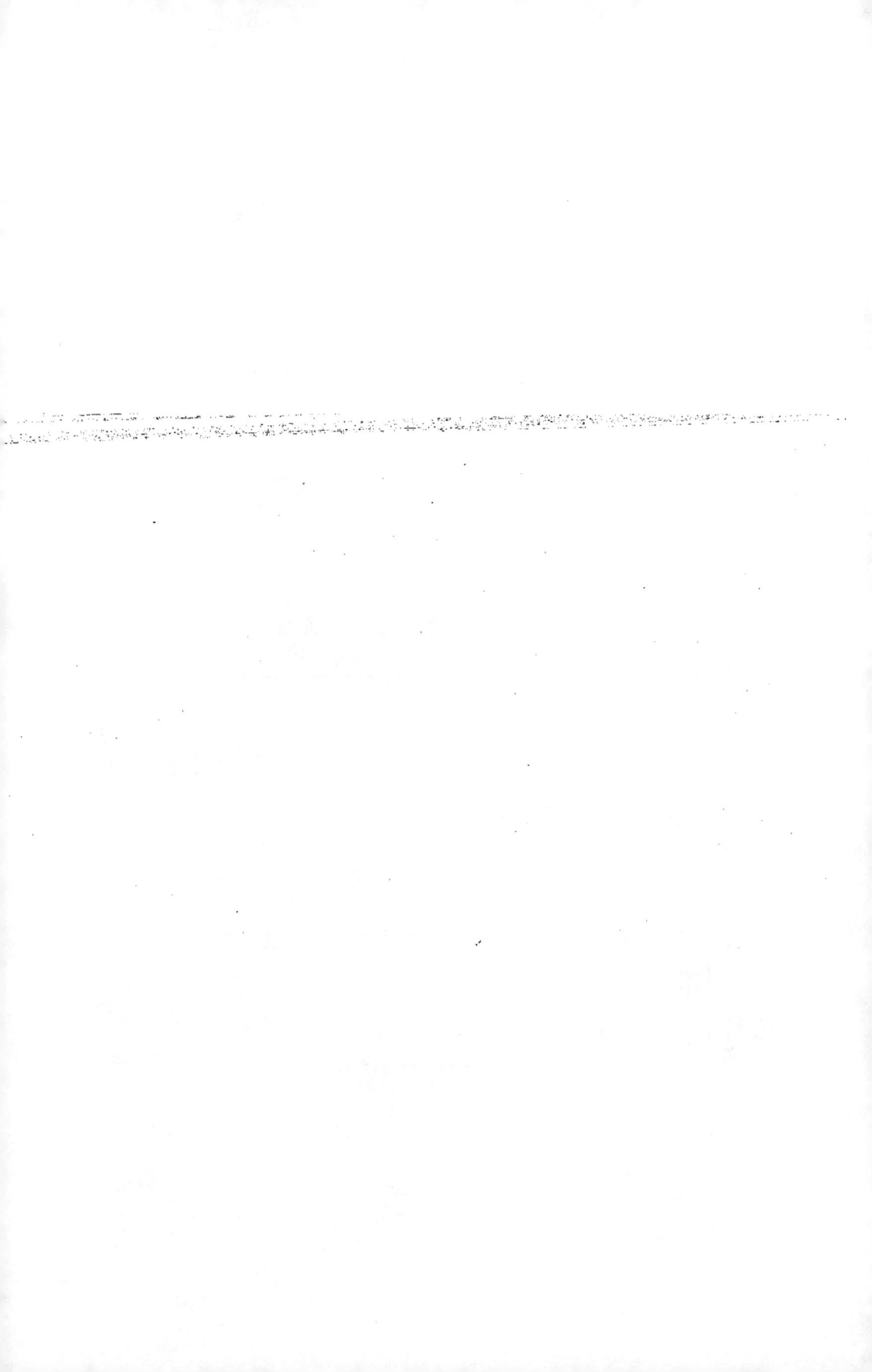

TABLEAU III. — **Recettes douanières de l'Afrique équatoriale française, par nature de droits perçus.**

ANNÉES	DROITS D'ENTRÉE			TOTAL des DROITS D'ENTRÉE	DROITS de SORTIE	TAXES de CONSOMMATION	DROITS DIVERS	TOTAL GÉNÉRAL
	TARIF MÉTROPOLIT.-BASSIN CONVENTION.	ALCOOLS						
1892	»	»		»	»	»	»	804 449
1893	»	»		»	»	»	»	1 030 118
1894	»	»		»	»	»	»	1 144 317
1895	»	»		»	»	»	»	1 181 466
1896	»	»		»	»	»	»	1 160 316
1897	»	»		»	»	»	»	1 054 362
1898	»	»		554 199	387 854	187 939	60 333	1 190 325
1899	»	»		»	»	»	»	1 666 502
1900	»	»		910 699	540 154	455 727	79 283	1 985 863
1901	»	»		670 039	461 685	398 776	58 564	1 589 064
1902	»	»		502 942	555 569	349 115	50 834	1 458 460
1903	»	»		638 493	658 355	449 311	61 311	1 807 470
1904	»	»		840 504	922 993	263 137	55 476	2 082 110
1905	».*	»		995 233	1 111 294	205 215	84 773	2 396 515
1906	289 301	748 449	559 245	1 596 995	1 167 713	41 205	103 353	2 909 266
1907	338 365	738 316	506 903	1 583 584	1 260 317	40 830	131 121	3 045 852
1908	281 479	459 766	325 829	1 067 034	1 155 153	39 676	120 263	2 382 126
1909	269 365	478 482	259 191	1 007 038	1 330 741	2 180	72 378	2 412 337
1910	297 875	662 051	425 953	1 385 879	1 313 253	720	128 936	2 828 788
1911	370 102	915 880	564 726	1 850 708	1 315 958	142 141	215 386	3 524 193
1912	453 002	967 208	686 878	2 107 088	1 456 411	648 651	93 900	4 306 050

NOTA. — Antérieurement à 1906, les droits d'accise sur les alcools sont relevés avec les taxes de consommation pour l'ancien Gabon et avec les droits d'entrée pour le Bassin conventionnel.

6

RECETTES DES DOUANES PAR BUREAUX PERCEPTEURS

Les perceptions douanières sont effectuées par cinq bureaux de douanes principaux auxquels sont rattachées les recettes subordonnées.

Ces bureaux sont : Libreville, Cap Lopez, Sette Cama, Loango et Brazzaville.

Ce dernier, qui contrôle tout le trafic du Moyen Congo, de l'Oubangui et du
Tchad, est le plus important. Ouvert en 1892, année où il a encaissé 8 236 francs, ses
recettes se sont élevées à 2 086 565 en 1912. Il restera le plus important de nos bureaux percepteurs jusqu'à ce que le Congo navigable soit relié à la mer par un chemin de fer français aboutissant à Loango-Pointe-Noire.

Avant l'ouverture du chemin de fer belge de Matadi, le trafic du Congo supérieur
s'effectuait par caravanes partant de Loango. Il en résultait, dans cette localité, des
recettes importantes que le trafic local seul ne fournit plus aujourd'hui.

Sette Cama, qui avait autrefois une réelle importance, n'a cessé de décroître
depuis plusieurs années.

Cap Lopez doit à sa situation géographique privilégiée d'être le second en importance de nos centres de recette.

Le bureau de Libreville est en progression faible, mais régulière.

TABLEAU IV. — Recettes douanières effectuées dans les différent...

(A l'exception des taxes domaniales perçue...)

BUREAUX	1892	1893	1894	1895	1896	1897	1898	1899	1900
Libreville et COTE NORD . . .	»	»	321 310	291 740	190 202	170 890	200 495	238 470	295 9...
Cap Lopez . .	510 942	544 211	165 700	258 575	379 546	300 278	386 296	652 494	764 7...
Sette Cama et MAYUMBA	»	»	173 261	168 378	185 747	147 280	205 250	259 284	212 9...
Loango, KOUILOU et MASSABE.	285 271	455 378	394 034	388 736	261 573	295 896	237 855	244 494	234 6...
Brazzaville et MANYANGA . . . . BANZA BACA et OUESSO	8 236	30 529	90 012	74 097	145 245	140 018	160 329	221 760	477 8...
TOTAUX . .	804 449	1 030 118	1 144 317	1 181 466	1 160 313	1 054 362	1 190 325	1 606 502	1 985 8...

RECETTES DOMANIALES

Ces recettes sont comme les perceptions douanières encaissées par le budget général. En 1912, elles ont atteint le chiffre de 1 423 000 francs qui sera largement dépassé à la clôture de l'exercice 1912.

Cinq catégories de redevances contribuent à former ce chiffre.

a) Redevances des sociétés concessionnaires.

En 1899, un certain nombre de compagnies ont reçu le privilège exclusif d'exploitation des produits domaniaux sur des étendues de territoire comprenant environ les trois quarts de la superficie de la colonie. Les sociétés dont il s'agit devaient en échange de ce privilège justifier d'une occupation commerciale du pays, et verser au trésor : 1° une redevance fixe proportionnelle à l'étendue de la concession ; 2° une part de 15 p. 100 sur les bénéfices réalisés annuellement.

Les redevances fixes ont produit 455 400 francs en 1911 ; quant aux parts de bénéfices, elles n'ont été encaissées que depuis 1905 et ont produit 703 000 francs en 1911.

b) Les concessions minières (permis de recherches) produisent une recette moyenne de 30 000 à 40 000 francs.

c) Taxe de récolte de l'ivoire et du caoutchouc.

s effectuées dans les reaux des Colonies de l'Afrique équatoriale française
les Douanes). (Valeurs en francs).

	1901	1902	1903	1904	1905	1906	1907	1908	1909	1910	1911
	284 978	283 220	382 198	233 272	249 807	338 317	423 038	371 563	342 883	385 962	454 271
	325 808	386 216	520 631	503 620	475 371	521 726	503 816	364 717	301 910	404 629	651 674
	65 050	81 716	92 159	119 713	123 238	107 211	78 976	43 700	39 630	61 940	55 056
	33 810	192 146	177 315	227 388	251 567	390 164	321 624	192 780	139 868	225 070	276 628
	479 418	515 162	685 187	998 117	1 296 532	1 551 848	1 688 398	1 409 366	1 588 046	1 761 186	2 086 565
	189 064	1 458 460	1 807 470	2 082 110	2 396 515	2 909 266	3 015 852	2 382 126	2 412 337	2 828 788	3 524 193

L'ivoire et le caoutchouc récoltés en dehors des périmètres concédés ont été frappés d'une taxe spéciale pour imposer aux commerçants qui achètent ces produits une charge correspondant à celles que supportent les concessionnaires du fait des redevances fixes ou proportionnelles aux bénéfices auxquelles ils sont astreints.

Ces deux taxes ont rapporté au budget 292 000 francs en 1912.

d) Les minerais de cuivre sont frappés d'un droit de 5 p. 100 sur la valeur du minerai sur le carreau de la mine. Les entreprises dont l'exploitation est commencée, rencontrent de telles difficultés de transport et subissent des frais si élevés que la production est faible et que la valeur du minerai sur le lieu d'extraction est très basse. Le rendement du droit est donc insignifiant et il en sera ainsi tant que nos voies ferrées n'atteindront pas les gisements miniers.

e) Peu important aussi est le produit de la redevance spéciale imposée à certains exploitants privilégiés de lots de forêts domaniales.

PATENTES ET LICENCES

Ces impôts sont attribués aux budgets locaux. Leur rendement est encore peu important mais ne tardera pas à s'élever avec les progrès du commerce (tableau 6).

TABLEAU V. — **Produits des Taxes domaniales perçues** (?)

ANNÉES	RECETTES DOMANIALES PERÇUES DIRECTEMENT PAR LE TRÉSOR				
	REDEVANCES FIXES DES SOCIÉTÉS CONCESSIONNAIRES	PART DE L'ÉTAT DANS LES BÉNÉFICES DES SOCIÉTÉS CONCESSIONNAIRES	REDEVANCES SUR LES CONCESSIONS MINIÈRES	AUTRES PRODUITS	TOTAL
1900	284 150	»	»	53 510	337 660
1901	273 050	»	»	31 257	304 307
1902	268 573	»	2 490	7 655	278 719
1903	261 800	»	3 797	29 205	294 802
1904	258 200	»	»	61 880	320 080
1905	366 800	139 156	5 569	71 723	583 279
1906	366 800	345 236	33 167	97 174	842 732
1907	366 800	218 262	30 468	85 704	701 594
1908	362 300	334 662	62 700	65 069	824 732
1909	366 800	»	23 537	42 731	433 068
1910	447 600	656 008	52 067	54 117	209 792
1911	455 400	703 693	35 884	»	1 194 977
1912	»	»	»	»	»

On peut constater que de 1898 à 1910 le produit des licences n'a augmenté que de 50 p. 100, alors que celui des patentes gagnait plus de 100 p. 100. Le nombre des débits de boisson est donc proportionnellement moins élevé qu'il y a dix ans.

IMPOT DE CAPITATION

L'impôt de capitation (tableau 7) constitue la principale ressource des budgets locaux. Il est perçu sur tous les indigènes adultes et valides à des taux variables suivant les régions mais ne pouvant dépasser 5 francs par tête.

Les premières recettes à ce titre furent opérées en 1900, mais le budget n'y trouva des revenus appréciables que lorsque le pays put être pacifié et les populations administrées.

De 180 000 francs en 1900, les recettes ont dépassé 3 500 000 francs en 1911, pour l'ensemble de l'Afrique équatoriale française, et cependant des provinces entières échappent encore aux recensements, et dans beaucoup d'autres, le taux des perceptions n'est que de 2 francs par tête ou même 0 fr. 50.

que équatoriale française au profit du budget général.

:RCEPTIONS DE TAXES DOMANIALES EFFECTUÉES PAR LE SERVICE DES DOUANES A LA SORTIE DES PRODUITS TAXÉS					TOTAL GÉNÉRAL DES PERCEPTIONS DOMANIALES
TAXES SUR /OIRE RÉCOLTÉ EN PAYS :ON CONCÉDÉ	TAXES SUR LE CAOUTCHOUC RÉCOLTÉ EN PAYS NON CONCÉDÉ	REDEVANCE SPÉCIALE	TAXES SUR LES MINERAIS EXTRAITS	TOTAL DES PERCEPTIONS PAR LES DOUANES	
»	»	»	»	»	337 660
»	»	»	»	»	304 307
»	»	»	»	»	278 719
»	»	»	»	»	294 802
»	»	»	»	»	320 081
»	»	»	»	»	583 279
»	»	»	»	»	842 378
»	80 399	»	»	80 399	781 993
»	39 069	»	»	39 069	863 800
»	79 202	»	»	79 202	512 270
72 624	91 952	»	»	164 576	1 374 368
98 335	102 453	5 405	22 309	228 502	1 423 479
144 024	148 444	2 993	5 193	300 654	»

TABLEAU VI. — Produit de l'impôt des patentes et des licences
en Afrique équatoriale française

ANNÉES	PATENTES	LICENCES	TOTAL
1900	»	»	98 847
1901	65 630	18 575	104 205
1902	56 290	17 500	73 790
1903	43 850	14 300	58 150
1904	45 275	20 600	65 875
1905	62 575	20 950	83 525
1906	64 125	26 125	90 250
1907	82 875	26 370	109 245
1908	138 799	60 895	199 694
1909	123 928	78 199	202 127
1910	144 096	27 030	171 126
1911	»	»	»
1912	»	»	»

TABLEAU VII. — Produit de l'impôt de capitation dans les Colonies
de l'Afrique équatoriale française

ANNÉES	MONTANT DE L'IMPÔT PROVENANT				TOTAL de l' IMPOT DE CAPITATION
	du GABON	du MOYEN-CONGO	de L'OUBANGUI-CHARI	du TCHAD	
1900	»	»	»	»	181 324,61
1901	»	»	»	»	62 124,59
1902	»	»	»	»	90 681,93
1903	»	»	»	»	283 853,88
1904	87 520,96	280 852,90	»	»	368 373,86
1905	73 573,31	349 395,40	»	»	422 968,71
1906	165 242,20	235 104,19	221 450,77	222 214,47	844 011,63
1907	157 038,45	391 851,80	281 869,21	290 245,42	1 121 004,88
1908	175 600,35	502 356,90	441 877,47	290 508,32	1 410 343,04
1909	273 204,65	662 958,95	437 568,02	398 916,97	1 772 648,59
1910	308 159,80	840 630,95	615 119,97	552 146,29	2 316 057,01
1911	551 875,19	1 443 844,76	877 790,01	711 670,52	3 585 180,48
1912	»	»	»	»	»

Recettes douanières effectuées dans les différents bureaux des Colonies de l'Afrique équatoriale française.

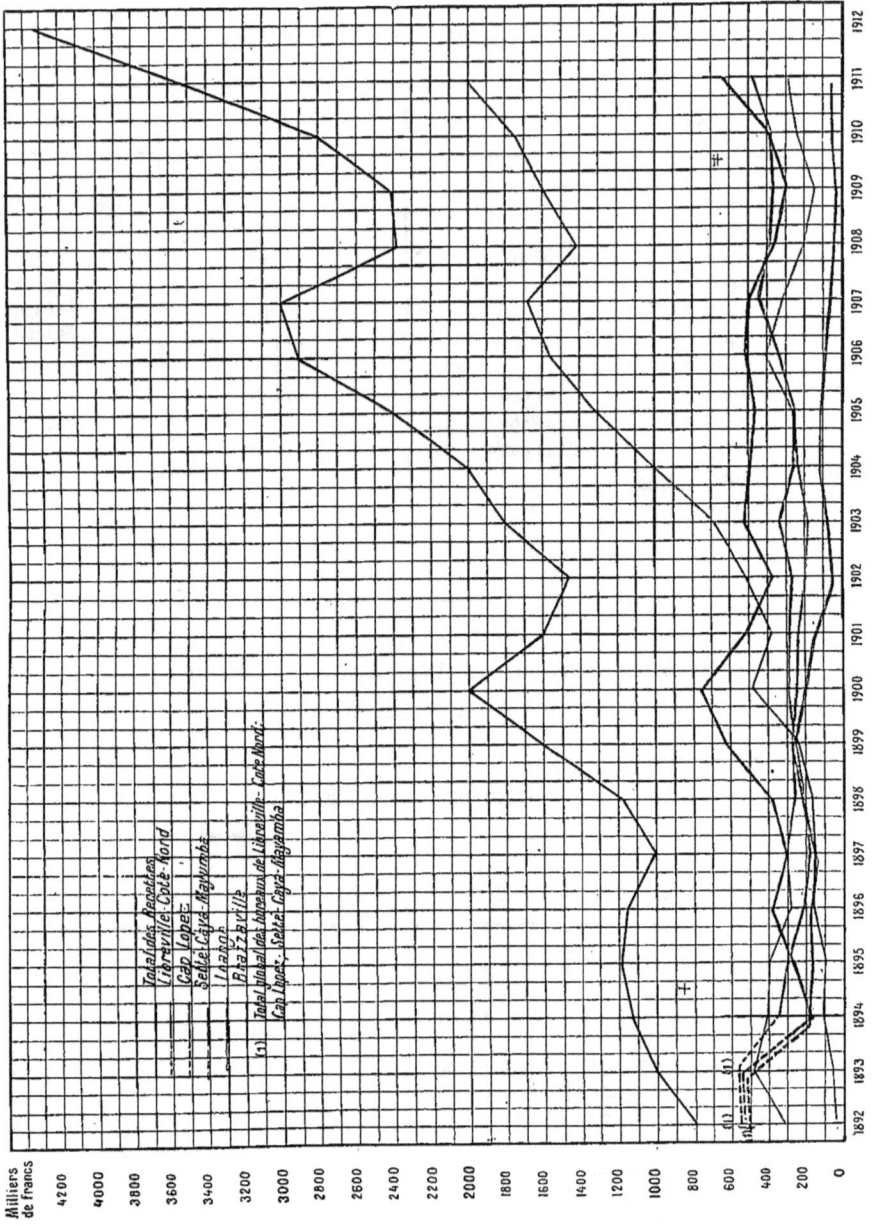

Milliers de francs

Totaux des Recettes
Libreville-Côte-Nord
Cap Lopez
Setté-Cama-Mayumba
Loango
R.aa Zzaville
(1) Total global des bureaux de Libreville-Côte-Nord;
Cap Lopez; Setté-Cama-Mayumba

Produits des taxes domaniales perçues en Afrique équatoriale française au profit du budget général.

Milliers
de Francs

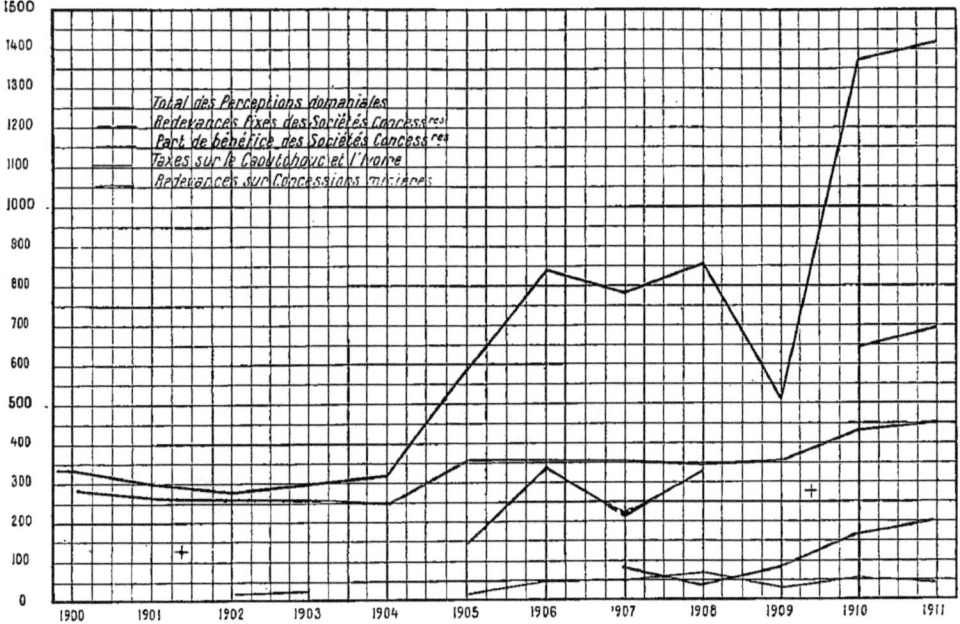

1500

1400

1300

Total des Perceptions domaniales
Redevances fixes des Sociétés Concess.res
Part de bénéfice des Sociétés Concess.res
Taxes sur le Caoutchouc et l'Ivoire
Redevances sur Concessions minières

1200

1100

1000

900

800

700

600

500

400

300

200

100

0

1900 1901 1902 1903 1904 1905 1906 '907 1908 1909 1910 1911

Produit de l'impôt des patentes et des licences en Afrique équatoriale française.

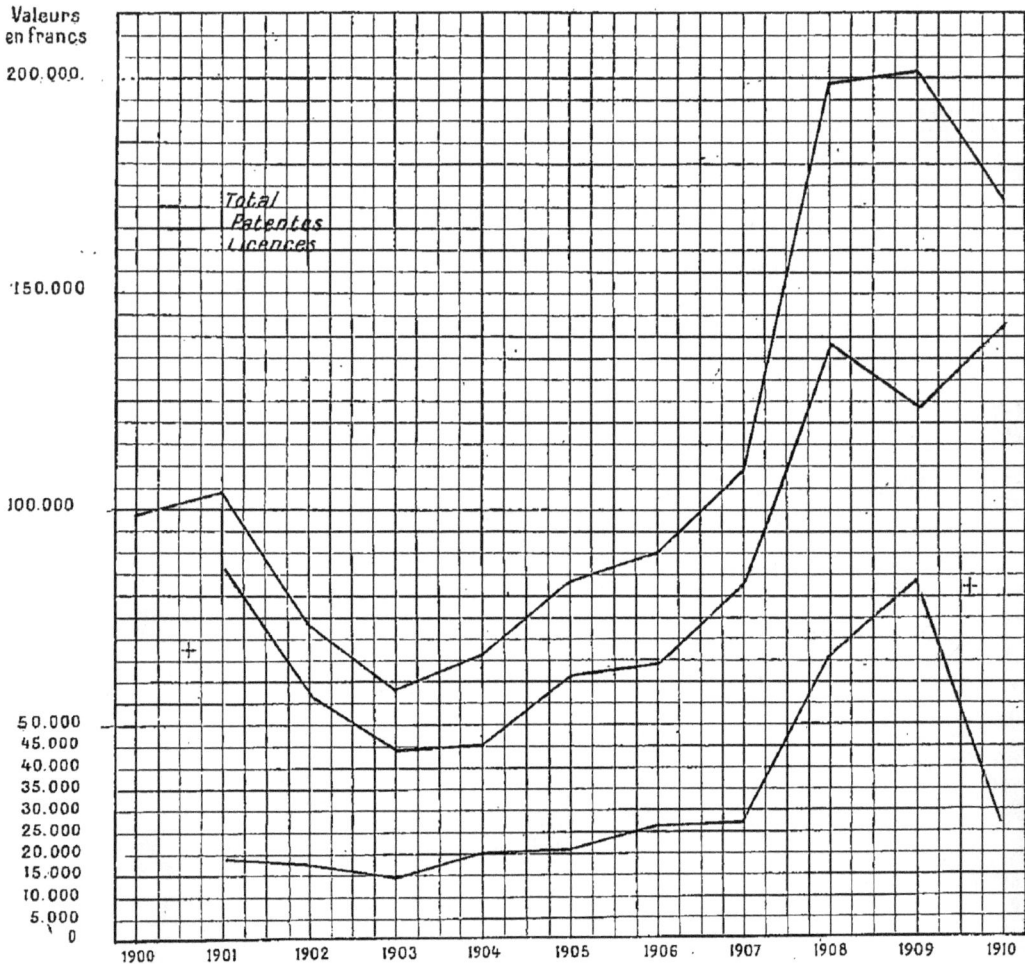

Produit de l'impôt de capitation dans les Colonies de l'Afrique équatoriale française.

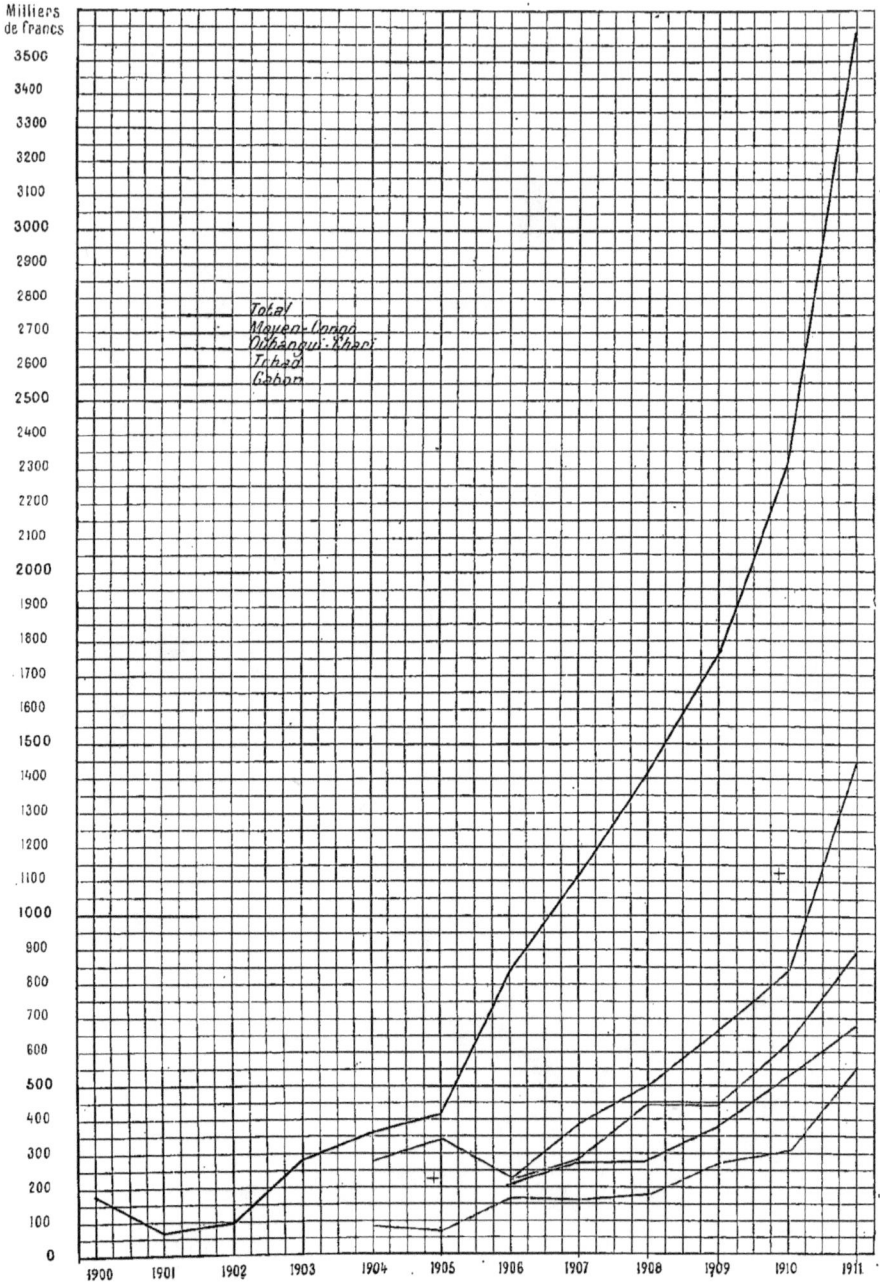

Recettes postales et télégraphiques effectuées en Afrique équatoriale française.

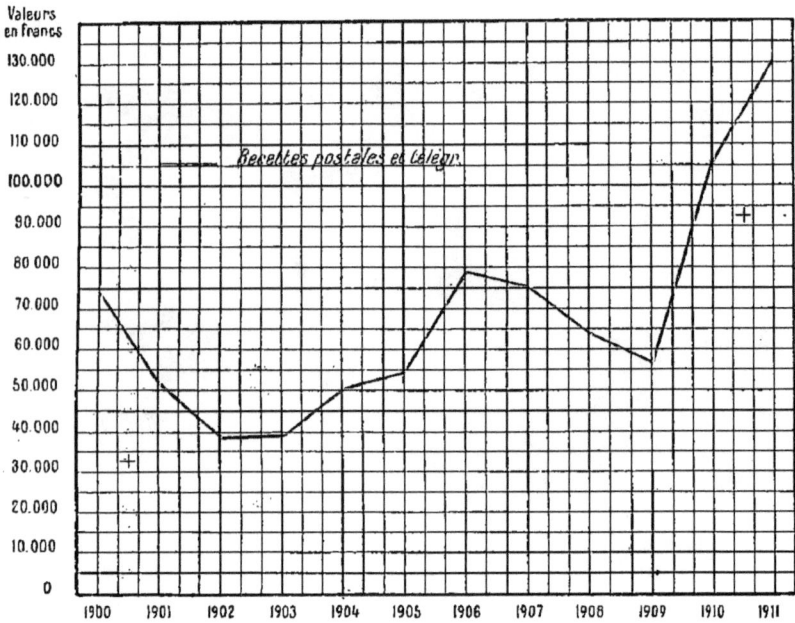

Valeurs
en francs

130.000

120.000

110 000

100.000

90.000

80 000

70.000

60.000

50.000

40.000

30.000

20.000

10.000

0

Recettes postales et télégr.

+

+

1900 1901 1902 1903 1904 1905 1906 1907 1908 1909 1910 1911

RECETTES POSTALES ET TÉLÉGRAPHIQES

Ces recettes n'apportent qu'une faible contribution au budget général, mais leur progression s'effectuant en raison directe de l'évolution économique du pays est à noter spécialement (tableau 8).

De 1900 à 1909, ces recettes ont décrû à mesure de la détérioration du réseau télégraphique, qui rendait la transmission des dépêches de plus en plus difficile et irrégulière.

Par contre, en 1910, 1911 et 1912, la construction d'un câble sous-marin de Libreville à Loango, de lignes terrestres, de postes de télégraphie sans fil ont un effet immédiat qui vient s'ajouter à l'augmentation des correspondances commerciales et privées. En trois années, les recettes postales atteignent le triple du chiffre de 1909, le double de celui de 1900.

TABLEAU VIII. — Recettes postales et télégraphiques effectuées
en Afrique équatoriale française

ANNÉES	PRODUITS DES PERCEPTIONS	ANNÉES	PRODUITS DES PERCEPTIONS
1900	73 814	1906	79 162
1901	51 499	1907	74 415
1902	37 611	1908	62 924
1903	38 216	1909	56 563
1904	48 840	1910	105 210
1905	54 570	1911	130 078

www.ingramcontent.com/pod-product-compliance
Lightning Source LLC
Chambersburg PA
CBHW071514200326
41519CB00019B/5943